侍エンジニア塾カリスマ講師　日比野 新　Hibino Shin

文系でもプログラミング副業で月10万円稼ぐ！

かんき出版

商標、登録商標について
本文中に記載されている製品の名称は、各社の商標または登録商標です。
なお、本文中では、™、®などのマークを省略しています。

最もコスパがいい副業。
それは「プログラミング」です。

文系でも、
ITオンチでも時給1万円。
スキマ時間を使えば、
月10万円以上も
無理なく稼げます。

さあ、楽しく学べる
プログラミングの世界に
一歩踏み出しましょう!

プログラミング副業を はじめた人たちの声

本業では昇級・昇格がほぼなく、将来の不安を感じていました。ただ時間的な余裕はあったので、以前から興味があったプログラミングを勉強しました。独学だったのですが、1カ月経たないくらいで、ランディングページを作れるようになり、月8万円ほどの副収入を得られるようになりました。

空調メンテナンス会社・26歳男性

働き方改革で残業が減ると収入に響くので、副業ができないかなと思っていました。プログラミングは大学時代に少し勉強したことがあったので、最低限のことはすぐに思い出せました。今では毎月12～14万円ほど稼げるようになっています。

ソフトウェア会社の監視部門・31歳女性

2020年から小学校でプログラミングの必修化が決まり、子どもに質問されたことを考えて勉強しはじめました。次第にプログラミング案件は数多く募集されていることを知り、先日初めて1.5万円の副業案件を行いました。今後はスキマ時間を見て、少しずつ受注本数を増やそうと思っています。

大手製造業の営業・40歳男性

私はもともと元ITベンチャーの営業マンだったのですが、会社がブラックすぎて退職。手に職をつけたいと思い、半年間、プログラミングの勉強をしました。プログラマーはかなり売り手市場なので、無事ホワイト企業に転職。同じタイミングではじめた副業もピーク時には月40万円を超えます。

システム会社エンジニア・34歳男性

はじめに

「自分がプログラミングで副収入を得るなんて、本当にできるのだろうか」
　いま、このページを開いている方の多くはそう思っているのではないでしょうか。プログラミングと聞くと、「PCの画面に映っている謎の文字の羅列」をイメージして、とにかく難しそうと思ってしまいがちです（私もそうでした）。
　本書では、その謎の文字の羅列を用いて、**下図のような「ランディングページ」を自力で制作する力を身につけて、副業収入を得てもらうことをゴール**としています。

代表的なランディングページ

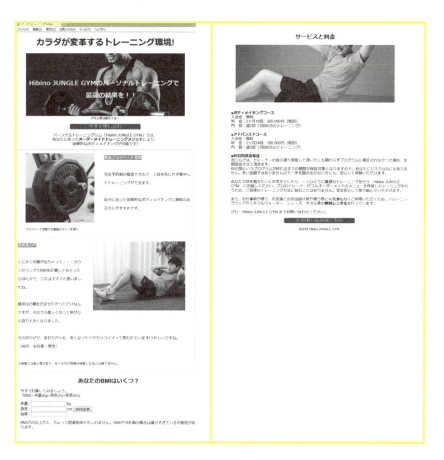

いかがでしょうか。プログラミング未経験者の人は、難しそうに思えたかもしれません。

しかし、安心してください。**本書を読み終わったあと、皆さんはこのようなランディングページを、ゼロから2〜3時間で作れる力を身につけています。**本書を読み進めていただければ、その理由がわかるはずです。

プログラミング経験者からすると、「そんな簡単にできるものじゃない」と思われることでしょう。たしかに本書で扱う3つの言語（HTML、CSS、JavaScript）をきちんと解説しようとすると、それぞれ書籍1冊分以上のボリュームが必要です。

しかしプログラミング副業、しかも最も初心者向けである「ランディングページ制作」に関していうと、求められる知識はかなり限られているのです。

この本では、通常だと3冊分に及ぶボリュームから、プログラミング副業で本当に必要となる部分だけを抽出しています。

初心者の方はまずここからスタートし、そのあと必要に応じて知識を深めていけばいいでしょう。

本書の特徴

そして、この本には類書にはない決定的な特徴があります。

それは、ただのプログラミング本ではなく、**「ネット時代の働き方に使えるビジネス書である」**ということです。

いわゆる「プログラムの専門書」は、その道の専門家を目指す人に向けた小難しいテクニックや専門用語を暗記するようなことしか教えてくれません。

実際にプログラミングに興味を持ち、スタートラインに立った人が、どのようにすれば「できた！」と簡単に感じられるのか、どのように学習した技術を役立てられるのかは、読者へ完全に任せきりとなっています。

一方、本書は「未経験者がプログラミング学習する」ことを前提にしているので、**複雑な公式や専門用語は最小限に留めています。**

　また、クライアントを見つける方法、クライアントから信頼を獲得する方法など、実際に副業をするうえでのポイントもまとめています。

　さらに、少しでも成長を実感してもらうため、**手を動かすことで理解を深めるパートを多く用意しています。**プログラミングは語学と同じで「習うより慣れろ」という部分が強いので、この方法が知識・技術を身につける最短ルートだと自負しています。

プログラミングって実は簡単！

　プログラミングを学ぶことはハードルが高く、一部の特別な人だけが理解できることだ。そう考えているかもしれません。IT関係は全くムリ。デジタルはよくわからないから怖い……その気持ちもわかります。

　しかし実は、以下の3つの段階をゆっくり理解することで、プログラミングの知識を要領よく身につけることができるのです。

1 簡単なことからはじめる

2 デザインして変化を楽しむ

3 動きをつけて理解を深める

　プログラミングは簡単でわかりやすく、それぞれの段階で知るべきこと、体験してみることが決まっています。**前知識も不要ですので、難しく考える必要はありません。**

　私の言葉を確かめていただくために、これから21日間、決められたカリキュラムを進めてみてください。自分の成長を毎日感じながら、気づけばランディ

ングページを作れるようになっているはずです。

著者について

　私は今、フリーランスです。48歳になったとき、会社員として30年間続けたソフトウェアエンジニアという働き方を辞めました。

　30年間に5度の転職を経験し、正社員から契約社員、派遣といったIT業界に存在する働き方を一通り経験しています。

　これまで転職先や業務請負の現場などでエンジニアへの指導や新入社員への教育などは1000人を超え、システム開発の案件も大手エネルギー会社の経営統合システムからECサイト（通販サイト）、インターネットを使った会員サービスなど300件以上を経験することができました。

　現在は、ソフトウェアエンジニアであり、ECサイトやメディアサイトの企画や設計・構築、マーケティングやプロモーションのお手伝いをしつつ、セールスコピーライターとしても活動しています。

　これら5つ以上の仕事のほかに、こうやって機会をいただければ本を書いたり、クライアント様へ講座を開いたり、プログラマーの養成をしたり、会社員時代には考えられなかったことをいろいろさせてもらっています。

　私自身、会社員のときは「お金は会社から貰うもの」だと思っていました。自分のスキルでお金を稼ごうなどと考えたことは一度もなかったのです。

　しかし、知人からの紹介でランディングページを制作する機会をもらったことで人生は大きく変わりました。

「お金は会社以外からも得られるし、頑張れば頑張った分だけ稼げるんだ」と思えるようになったのです。

　自分の可能性を捨ててはいけません。ぜひ、本書でプログラミングスキルを身につける小さな一歩の機会をつくってください。

本書をお読みになる前に

注意点、課題、ダウンロードについて

注意点

▶ 本書は、2019年3月時点の情報をもとに解説しています。本書の出版後にソフトウェアや言語がアップデートされることで、機能や画面が変更される可能性があります。あらかじめご了承ください。

▶ 本書で解説しているソフトウェアや言語のバージョンは、おもに以下のとおりです。お使いのソフトウェアや言語のバージョンの違いにより、紹介しているとおりの結果が得られない場合があります。

・Microsoft Windows10
・Google Chrome(バージョン: 71.0.3578.98〈Official Build〉)
・HTML5
・CSS3
・JavaScript

▶ 本書に掲載したサンプル画像や各名称、設定手順は、著者独自の設定に依存するものです。Windowsの初期設定と異なる場合があります。

▶ 本書で紹介しているフリーソフトは、開発者の都合により、開発中止、配布

停止となることがあります。またこれらのソフトウェアのダウンロード・使用・サイトへのアクセスによって起こった損害については、出版社および著者は一切の責任を負いません。必ず自己の責任においてご使用ください。

課題について

本書ではより理解を深めていただくために課題を用意しています。学習したことが正しく身についているか確認するためにもご活用ください。

課題の内容 実際に行う課題の内容です。
素材 課題を実践するときに必要となる画像や文章の素材ファイルを示しています。
ヒント 課題を行ううえでのヒントを記載しています。
答えあわせ 課題の答えあわせをしましょう。ご自身が作られたものと比較してみてください。

ダウンロードについて

▶ 本書で使用する素材や答えあわせのファイルは、以下からダウンロードできます。

https://021pt.kyotohibishin.com/books/lppg/

▶ 上記からダウンロードされたファイルは、本書の学習用途のみにご利用いただけます。

▶ 上記からダウンロードされたファイルを使用された結果については、出版社および著者は一切の責任を負いかねます。必ずご自身の責任でご使用ください。

本書の読者限定!
「特設サイト」で質問しよう!

プログラミングで悩んだときに質問できる無料サービスを紹介するよ!

　プログラミングをやっていくと、必ずわからないことが出てくると思います。もちろん、書籍やインターネットを見ながら自分の力で解決できるのが理想ですが、「どうしてもわからない」ということもあるはずです。
　そんな読者の方々のために、本書専用の「特設サイト」を開設しました。

▶ Zero to One Program Training
https://021pt.kyotohibishin.com/books/lppg/

　このサイトでは、皆さんからの質問を受け付け、それに対しての回答を無料でお送りさせていただきます。なお、以下の点は予めご留意ください。

1. 問い合わせは、本書の内容範囲のみとさせていただきます
   例：○ページの「Let's Try」が同じ結果になりません。どうすればいいでしょうか？
2. 問い合わせが集中した場合、返信に数週間のお時間をいただく場合があります
3. 予告なくこの特典は終了する場合があります

　詳しくはホームページの情報をご確認ください。

はじめに 5

本書をお読みになる前に 9

本書の読者限定!「特設サイト」で質問しよう! 11

第1章 誰でもできて、しっかり稼げる! プログラミング副業の流れを紹介!

1日目 1/7 プログラミング副業がおすすめの理由 18

2/7 本書の内容をマスターすれば、副業収入でこれだけ稼げる! 20

3/7 プログラミング副業ってどんなもの? 22

4/7 ランディングページの役割と構造 24

5/7 ランディングページ運用に必要なこと 26

6/7 クライアントから信頼され喜ばれる「5つのトリガー」 28

7/7 プログラミング副業の可能性は無限大! 30

Column 1 最強のテキストエディタ「AdobeBrackets」 32

第2章 プログラミング副業をはじめる前に これだけは知っておこう!

2日目 1/6 インターネットの基礎知識 34

2/6 Webサイトの特性と種類 36

3/6 検索スキルを身につけよう! 38

4/6 必ず知っておきたい3つの言葉 40

5/6 いよいよ準備! 副業環境を整えよう 44

6/6 ランディングページの構成はかなりシンプル! 48

3日目 1/1 【課題1】サンプルファイルの表示 50

第 3 章　テキストや画像を入れて「ページの骨組み」を作ろう！

4日目 1/6　文章の役割を指定する「世界共通言語」とは？ ……… 56
2/6　文章の役割を示す「目印」とは？ ……… 58
3/6　「大きな箱」と「2つの小さな箱」 ……… 60
4/6　HTMLで学ぶ24個の「タグ一覧」（前編） ……… 62
5/6　「はじまりの宣言」と「大きな箱の指定」 ……… 64
6/6　「2つの小さな箱」を指定しよう ……… 66

5日目 1/4　「1つめの小さな箱」に入れる要素とは？ ……… 68
2/4　「2つめの小さな箱」は3つに分けて指定する ……… 70
3/4　コードを読みやすくするための工夫 ……… 72
4/4　特殊記号を表示する方法 ……… 74

6日目 1/1　【 課題 2 】ヨガスタジオのネット広告作成 ……… 76

7日目 1/5　重要度ごとに「見出し」をつけよう ……… 80
2/5　「段落」と「改行」を指定しよう ……… 84
3/5　他の文章や情報からの「抜粋・引用」を指定する ……… 86
4/5　「文字のサイズ」と「強調」を指定する ……… 88
5/5　「箇条書き」で読みやすく指定する ……… 90

8日目 1/1　【 課題 3 】ヨガスタジオのネット広告作成 ……… 92

9日目 1/4　「画像」を指定する ……… 96
2/4　ページ移動をする方法 ……… 100
3/4　デザイン表現に必須！「見栄えの領域」の指定 ……… 104
4/4　プログラムを動かす「ボタン」を指定する ……… 106

10日目 1/1　【 課題 4 】ヨガスタジオのネット広告作成 ……… 108

11日目 1/6　HTMLで学ぶ24個の「タグ一覧」（後編） ……… 112
2/6　意味のある「画像」と「キャプション」の指定 ……… 114

$3/6$		「別の情報の埋め込み」を指定する	116
$4/6$		「動画」を指定する	118
$5/6$		「音声」を指定する	120
$6/6$	課題 5	ヨガスタジオのネット広告作成	122
Column 2		知っておくと大変便利な無料ロゴ作成サイト	126

第 4 章 思わず読んでしまうような「デザイン」にしよう!

12日目	$1/9$	Webデザインの基礎言語「CSS」とは	128
	$2/9$	見た目を変える書き方	130
	$3/9$	スタイルシートを書く場所	132
	$4/9$	基本的な6個のデザインノウハウ	134
	$5/9$	「文字の書体」を指定する	136
	$6/9$	「文字の色と太さ」を指定する	138
	$7/9$	「文字の大きさ」を指定する	140
	$8/9$	「文字の表示位置」と「ページの背景色」を指定する	142
	$9/9$ 課題 6	ヨガスタジオのネット広告作成	144
13日目	$1/7$	実践的な9個のデザインテクニック	150
	$2/7$	「画像の大きさ」を指定する	152
	$3/7$	「文字や画像の表示位置」を指定する	154
	$4/7$	「文字や画像の回り込み」を解除する	156
	$5/7$	「角丸の枠」を指定する	158
	$6/7$	「イエローマーカー」で強調指定する	160
	$7/7$ 課題 7	ヨガスタジオのネット広告作成	162
14日目	$1/4$	「行と行の余白」を指定する	168
	$2/4$	リンクにカーソルが当たると、デザイン変更	170

	3/4	リンクにプルンプルンな動きをつける	172
	4/4	【 課題 8 】ヨガスタジオのネット広告作成	174
15日目	1/7	スマホでも見やすくする	180
	2/7	【 課題 9 】ヨガスタジオのネット広告作成	184
	3/7	デザインで知っておきたいこと	188
	4/7	シンプルなデザインを目指す	189
	5/7	カラーコードについて	190
	6/7	透過画像について	191
	7/7	PC、スマホ、タブレットでチェックする	192

Column 3 知っておくと便利！画像・イラスト作成ツール　194

第 5 章　「動き」をつければ、グッと完成度が上がる！

16日目	1/6	JavaScriptとは	196
	2/6	計算をしてみる	198
	3/6	JavaScriptはどこに書けばいいの？	200
	4/6	外部ファイルを活用しよう	202
	5/6	JavaScriptで使う10の基礎項目	204
	6/6	メッセージを表示して伝える	206
17日目	1/5	これさえ乗り越えれば初心者脱出!?	208
	2/5	条件が一致しているか判断する	214
	3/5	計算の基本を覚えよう！	216
	4/5	繰り返す処理はまとめよう	218
	5/5	JavaScriptで使う3つの実践項目	220
18日目	1/4	簡単な計算をしよう	222
	2/4	「画面トップへ戻る」指定をしよう	224

| 3/4 | Googleアナリティクスで分析する | 226 |
| 4/4 | 【課題 10】ヨガスタジオのネット広告作成 | 228 |

第6章 さあ、ランディングページを作ってみよう!

19日目	1/6	ランディングページ制作の流れ	236
	2/6	ランディングページ作成の準備をしよう!	238
	3/6	【STEP1】ランディングページの下書きを作る	240
	4/6	【STEP2】ランディングページで使う素材を用意する	242
	5/6	【STEP3】ランディングページで使う文章を用意する	244
	6/6	ランディングページを作ろう	246
20日目	1/4	【STEP4】HTMLで骨組みを作る	248
	2/4	【STEP5】文章を流し込む	250
	3/4	【STEP6】画像やイラストをはめ込む	252
	4/4	【STEP7】CSSでデザインを調整する	254
21日目	1/5	【STEP8】JavaScriptでBMIを計算する	256
	2/5	【STEP9】Googleアナリティクスで解析する	258
	3/5	最後の仕上げをしよう	260
	4/5	【STEP10】スマホに対応する	262
	5/5	【STEP11】中央揃えと表示の確認	264

おわりに 268

装幀・本文デザイン	小口翔平＋岩永香穂（tobufune）
イラスト	坂木浩子
図版作成	荒井雅美（トモエキコウ）
DTP	野中賢（株式会社システムタンク）

第 **1** 章

誰でもできて
しっかり稼げる！
プログラミング副業の
流れを紹介！

1日目 1/7 プログラミング副業がおすすめの理由

副業といっても種類はさまざま。プログラミング副業の魅力は何なのか、他の副業と比較して見ていこう!

あの副業、本当に安定的に稼げるの?

今や副業の種類はどんどん増えており、月10万円以上稼ぐ人も珍しくなくなりました。一方、「何をやればいいのかわからない」という人も多いでしょう。

ここでは、定番といわれる副業の実態をいくつか紹介し、プログラミング副業との比較を見ていきます。

アフィリエイト

アフィリエイトとは「成果報酬型の広告」のこと。ホームページやブログ記事に特定の商品・サービスなどの広告を掲載し、クリックされて売れた分だけ利益が入るという仕組みです。

簡単に始められるというメリットがありますが、月に100万円稼ぐ一握りの人がいる一方、**月1000円も稼げずに脱落していく人が大勢います**。また、**安定して稼げるようになるには半年程度かかる**ともいわれています。

Webライター

Webライターは案件数が多く、副業初心者に定番の業務といえます。

しかし、**単価は驚くほど安いです**。ひどいケースだと、3000文字の記事を書いて500円という案件もあります。実績を積めば単価も上がりますが、競合が多いので容易ではありません。

せどり

せどりとは、一言でいうと「商品を安く仕入れ、Amazon、楽天、メルカリなどで高く売って利益を出す」というビジネスです。即金性が高く、好きな時間にできるといったメリットがあります。

しかし、在庫を置くスペースが必要ですし、仕入れ、出品、梱包、発送を自分で行わなければならず、まさに "肉体労働" です。本業の合間に行うことを考えると、万人受けしづらい副業といえるでしょう。

じゃあ、プログラミングはどうなの？

まず、IT人材が不足しているため、需要はかなりあるといえます。経済産業省の調査によると、2016年時点でのIT人材の不足人数は、なんと約17万人。しかも、2020年に2倍強の約37万人、2030年にはさらにその2倍強の約79万人にまで増加すると見込まれています。

そのため、**プログラミング副業はこの先も需要が高まり続けると予想されます。当然、需要よりも供給が少ない状況が続けば、単価は右肩上がりで増えていき、より稼げるようになるでしょう。**

また他の副業とは違い、仕事や暮らしに役立つ点も魅力です。**2020年からプログラミングが小学校で必修化**されるので、自分が理解できればお子さんに教えることもできます。さらには、**プログラミングができるようになると論理的思考や問題解決能力が身につくので、ビジネスシーンでも役立つでしょう。**

プログラミングは自転車や水泳と同じで、一度覚えたら忘れないものです。言語はさまざまありますが、応用が効く部分も多いので、本書をきっかけに基本となるプログラミングスキルを身につけてください。

1日目 2/7

本書の内容をマスターすれば、副業収入でこれだけ稼げる!

本書のゴールである「ランディングページ制作」で得られる報酬の目安がいくらか見てみよう!

ランディングページの案件は安定した需要が見込める!

インターネットが普及したことにより、クライアントを獲得できる方法は格段に増えました。

例えばランディングページの案件は、下に挙げたようなクラウドソーシングサイトの募集を見ると、毎日30件前後の募集があります。

クラウドソーシング（単価目安：5000円～5万円）

クラウドワークス、ランサーズ、@SOHOなどの「クラウドソーシング」で依頼を受ける方法があります。

クラウドソーシングは現在単価が下がっているため、最初は腕試しとスキルアップのつもりで「数」をこなす場所としておすすめです。何度か依頼を受けることで実績が積み上がると単価もアップしていくでしょう。

ココナラ、ストアカ（単価目安：5000円～5万円）

ココナラ、ストアカなど、技術や知識を交換するところで依頼を受ける方法があります。

単価はあなたが決めた値段となりますので、相場を確かめて納得のいく金額で依頼を受けることができます。

コンサルタント、税理士、中小企業診断士（単価目安：1万〜8万円）

異業種交流会などを通して知り合えると、こういった職業の方から依頼をいただくことも可能です。彼らは忙しいため、自分に代ってランディングページを作ってくれる人を求めているのです。

友人・知人（単価目安：1万〜5万円）

友人・知人に「ネットで副業している方」や「個人事業主でネットからも仕事を取っている方」はいませんか？

こういった方にランディングページ作成の話をしてみましょう。最初はお友だち価格になるかもしれませんが、実績ができれば単価アップも可能です。

簡単な案件からはじめて実績をつくろう！

このように、クライアントの種類は実にさまざまです。

ただ、**初めてプログラミングで副業して稼ぐ場合、いきなり高額な案件に手を出すのはおすすめできません。**

というのも、高額になるほど作業の難易度が上がるからです。最初の頃は難易度の低いもの（比較的安い単価のもの）からはじめ、実績を積み上げていくのが安心して続けられる方法だといえるでしょう。

> Point
> ランディングページの平均単価は2万円前後。慣れると1案件2〜3時間で作れるから、土日に頑張ってこなすだけでも、月10万円を目指せるよ！

1日目 3/7 プログラミング副業って どんなもの？

「ランディングページ制作」の仕事依頼からお金を受け取るまでの流れを見てみよう!

本書のゴールは「ランディングページ制作」

　プログラミングの技術を使った副業はさまざまあります。大きなシステムを作ることから、簡単なネットで販売するためのチラシを作ることまで。

　本書で紹介する内容は、誰もが簡単にスタートできる、そして副業を通して論理的思考や問題解決能力を育める **「ランディングページ制作」** です。

代表的なランディングページ

ネットで何かを買うとき、こういった縦長のページを見たことはありませんか? そう、これがランディングページです。

このようなランディングページは次のような流れで作ることができます。

1 ランディングページをほしい人が依頼をする
2 依頼を見つけて応募する
3 依頼が決まる
4 依頼の内容を確認する
5 制作する
6 作ったものをチェックして納品する
7 副収入が入る

※本書では、主に(4)〜(6)について解説していきます。

なんでランディングページなの?

プログラミング技術を使った副業には、次のようなものがあります。

▶ ホームページの制作
▶ 通信販売サイト（ECサイト）の制作
▶ スマートフォンアプリの開発
▶ 会員管理や販売管理などのシステム開発

これらの案件に共通しているのは、今回学習するスキルが必須であること。特に副業案件に多い上の2つでは、販売活動のためにランディングページが求められているという現実があります。

また、案件数としても数が豊富なので、初心者の方は「まずはここから」という意味でランディングページ制作をおすすめしているのです。

1日目 4/7 ランディングページの役割と構造

ランディングページは「何のために必要なのか」「どういった作りをしているものなのか」という概要を把握しよう!

ランディングページの役割

ネットで商品やサービスの販売や紹介をするときに使う**「チラシの役割」**をします。

ランディングページには、売るために必要な行動を起こさせる「ルール」が含まれています。そのルールに従った内容を作成し、ネット上へ公開しなければなりません。

ランディングページの構造

ランディングページは、大きく分けて4つのパートに分かれています。

構造を知っておくとランディングページ作成の依頼を受けたとき、依頼内容が理解しやすくなります。

1	キャッチコピー
2	ボディーコピー
3	クロージング
4	コール・トゥ・アクション

ランディングページ4つのパート

それでは、各パートについて見ていきましょう。

1 キャッチコピー

キャッチコピーがあることで、見ている人の興味を引き、ボディーコピーへ読み進めてもらうことができます。

2 ボディーコピー

読者が抱えている問題に共感し、解決策があることを紹介します。紹介した商品やサービスを **「これは私の悩みを解決するものだ」** と思ってもらうために必要な要素です。

3 クロージング

先延ばしにせず、すぐに購入してもらうようクロージングを行います。

4 コール・トゥ・アクション(Call To Action)

クロージングの結果、最後に買うための行動を起こしてもらいます。具体的には、**ボタンを押してもらう、別のページへジャンプしてもらう**という行動を起こさせます。

このように、インターネットでモノやサービスを販売するためにはルールがあります。副業案件に取り組むうえではもちろん、将来、自分で何かモノやサービスを販売してみたいという夢を持っているのなら、ランディングページの4つのパートを覚えておくと役立つでしょう。

1 ランディングページ運用に必要なこと

日目 5/7

ランディングページには、継続的な改善が求められます。これはクライアントとやりとりするうえで重要な考え方なので、ぜひ覚えておこう!

ランディングページに「完成」はありません

前項でお話ししたように、ランディングページは「ネットのチラシ」です。チラシは季節や流行、性別や年齢によって興味を引くポイントが変わっていきます。今月は売れているランディングページでも、来月には売れなくなる可能性もあるということです。そのため、**「これで終わり」というように完成することはないのです。**

スピード感を持ってPDCAサイクルを回す

完成することのないランディングページに必要なことは何でしょうか?　最も大切なことは**「スピード感」**です。

思ったような結果が出ないときには、素早く改善できること、素早くもう一つのランディングページを用意できることが大切です。

チラシを目の前に置いてウンウンと悩んでみても結果は永遠にわかりません。**チラシの良し悪しを見極めるには、世の中に出してみるしかないのです。**

だからこそ、次々と改善し準備するスピードが必要になります。

そして、次ページ図のように「ランディングページを作る→ランディングページを出す→結果を見る→改善する」の繰り返しが求められるのです。

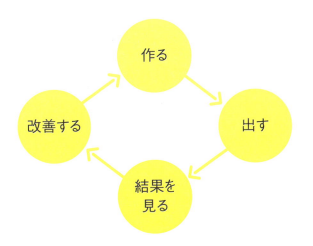

ランディングページを改善するときのポイント

　ランディングページを作るだけなら改善するポイントを知っていても知らなくても問題ありません。
　しかし、PDCAのスピードを上げるためには「**どうしてそこを改善するのか**」ということを理解できていなければなりません。ランディングページの改善ポイントは以下のとおりです。

- **キャッチコピーを変える**
- **画像を変える**
- **コール・トゥ・アクションのボタンの色を変える**
- **コール・トゥ・アクションのテキストを変える**
- **キャッチコピーの後の文章を変える**

　このような部分を改善していくことが多いといえます。
　特にキャッチコピーや画像を変えることで、これまでとはまったく違う反応が出ることもあります。

1日目 6/7 クライアントから信頼され喜ばれる「5つのトリガー」

安定的に副収入を得たいなら、継続して仕事を発注してもらうクライアントが必要。ここでは、クライアントと上手に付き合う方法を紹介するぞ!

何度も仕事を発注してもらうために

新しいクライアントから依頼を受ける。これはこれで楽しいものです。

けれども、**安定した副収入を得るためには、継続してお付き合いできる「いつものクライアント」を持つことが大切です**。継続して依頼をもらえると副収入の安定だけではなく、スキルも安定してアップしていきます。

そこで、クライアントと上手に付き合うための5つのトリガーをお伝えします。

1 ラクをしてもらう

依頼を受けたことだけするのではなく、**クライアントに少しでもラクをしてもらえるように心がけましょう**。確認するときにも「どうしたら良いですか?」より「A案とB案がありますが、どちらが良いですか?」と選択できるようにするほうが、相手は考えなくて済みます。

2 イライラや不安を抱かせない

「連絡が取れない」「返信がない」ということが続くと、クライアントはイライラしますし、不安にもなります。結果、信頼関係が築けず、もう一度依頼しようとは思ってもらえません。**レスポンスは速くするようにしましょう**。

③ 納期の半分で確認する

納期当日や前日に納品するのは間違いではありません。

しかし、**納期の半分を過ぎた頃「こんな感じなのですが」というように、できるだけ経過をチェックしてもらいましょう**。納期当日になって「これは違うな」と判断されて慌てるより、手前で改善できる余裕を持つほうがお互いにとってハッピーです。

④ 相手の目線で考える

「どうすれば自分がラクできるか」よりも「どうすれば相手が喜んでくれるのか」を考えましょう。例えば、メールもただ送信するのではなく、受け取った人が読みやすい形に整える、要点をわかりやすくするなど、相手のことを考えてコミュニケーションを行うことが重要です。これは恋愛と同じです。

⑤ 代替案を用意する

どんな仕事でも、今の自分では解決できないことがあります。そんなとき「できません」というのは簡単ですが、それでは副業は続きません。**できないことを隠さず伝えるのは良いことですが、同時に自分ができる「代替え案」を提案するようにしましょう**。

これらのトリガーは副業だけではなく、普段の仕事でも活用できます。上司や先輩などとの人間関係を築くヒントになるでしょう。

1日目 1/7 プログラミング副業の可能性は無限大!

ランディングページ制作は、プログラミング副業のなかでも最も初心者向け。でも、ここを基本に学びを深めて中上級者になれば、もっともっと稼げるようになるんだぞ!

高収入案件はもりだくさん!

プログラミングは必要とされるシーンが増えており、また、スキルアップすることで副収入もアップしやすい特徴があります。

例えば、**次のような案件の場合だと、単価が30万円、50万円、100万円を超えることは珍しくありません。**

「会社のホームページ」を制作(単価目安:30万〜70万円)

今回学ぶランディングページのスキルと知識を少し向上させることで受けることができます。10ページ以上のホームページ制作だと、30万円ほど稼げます。ビジネスの知識(マーケティングなど)をホームページに取り入れられると、70万円を超えることもあります。

「オンライン教材」をネットで販売(単価目安:50万〜100万円)

RubyやPHPと呼ばれるプログラミング言語をマスターすることで、会員システムや通販システムを開発することができます。

こういった少し複雑なものになると、50万〜100万円という単価で仕事を受けることができます。

ここをきっかけにしてフリーランスになり、2つ3つと同時に案件を受けている方もいらっしゃいます。

「スキルを伝える講師」で稼ぐ（単価目安：10万円）

昨今、「RPA（ロボティック・プロセス・オートメーション）」という仕事の手間を少なくする自動化の仕組みが話題になっています。こういったスキルを手に入れることで、会社での評価がアップし収入が増える可能性もあります。

また、今後RPAを使いたい人は増加傾向にあるため、スキルを伝える講師として副業で稼ぐことも可能になるでしょう。

例えば、1回の講座受講料を1人1万円とするなら、10名集まれば10万円です。月に2回、週末に講座を行うだけで20万円稼げる計算になります。

「週末限定のプログラミング先生」で稼ぐ（プライスレス）

2020年から小学校などでプログラミング教育が導入されます。この場合のプログラミング教育とは「論理的思考」「問題解決能力」を育むことが目的です。

そこで、あなたが学習して手に入れた「論理的思考」「問題解決能力」を週末ボランティアやキッズプログラミングの教室で教えることもできるでしょう。

また、インターネットを使ったプログラミング教室のインストラクターを副業にすることもできます。時給換算すると1時間2000〜4000円です。収入よりも「やりがい」を求める方におすすめです。

1日目のまとめ

- ☐ プログラミングはビジネスにも家庭にも必須のスキル
- ☐ ランディングページはいつの時代でも必要である
- ☐ 副業はクライアントから信頼され何度も依頼されることを目標に

第1章　誰でもできてしっかり稼げる！プログラミング副業の流れを紹介！

column 1

最強のテキストエディタ 「Adobe Brackets」

　本書で紹介するランディングページ作成は、通常のパソコンなら持っている「Web環境」と「テキストエディタ」を使えば、誰でもはじめられます。

　テキストエディタに関しては、P46でも解説しているようにお使いのパソコンに内蔵されているソフトでも使えるのですが、ここではより便利なおすすめツールがあるので紹介します。

Adobe Brackets

　PhotoshopやIllustratorでお馴染みのAdobe社から無料で提供されている最強のテキストエディタが「Adobe Brackets」（アドビ・ブラケッツ）です。WindowsでもMacでも動作し、大型案件を扱う専門家も使っている信頼度の高いツールです。

　ぜひ、最高の環境を試してもらいたいと思います（なお、本書ではすぐに学習をスタートしてもらいたいため、Windowsなら「メモ帳」を、Macなら「テキストエディット」を使って説明しています）。

▶ http://brackets.io/

※Bracketsのインストール方法や使い方については「Brackets インストール」「Brackets 使い方」などのキーワードで検索してください。かなり詳しく教えてくださっている方がいます。

第 **2** 章

プログラミング副業を
はじめる前に
これだけは
知っておこう！

2日目 1/6 インターネットの基礎知識

今や私たちの生活に欠かせないインターネット。でも、「インターネットって何?」と聞かれると答えられない人も多いのでは?

インターネットが広まった理由

暮らしから外せなくなったインターネット。過去には大学や研究機関でしか使われることがなかった仕組みが、今では小学生でもスマートフォン(以下「スマホ」)1台で使えています。

これだけ気軽にインターネットが使えるようなったのには、大きく3つの理由があります。①1991年に世界で初めてのWebサイトが公開されたこと。②1994年にインターネットが商用化されたこと。③1995年、空前のインターネットブームを巻き起こしたMicrosoft Windows95が登場したことです。

インターネットとは

ほぼ毎日使っているインターネット。でもインターネットがどのようなものか知らないまま使っていませんか? ここで少しだけ専門的なことをお話します。

というのも、これから皆さんが学んでいく内容には、少しばかり専門的なことがわかっていると理解が進みやすくなるからです。

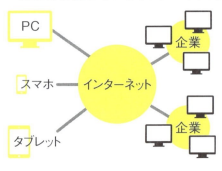

インターネットとは、決まったルールで世界中にあるネットワーク同士がやりとりできる方法です。専門的にはこれを「通信プロトコル」と呼びます。

通信プロトコルは人間の言語に相当します。同じ言語の人は簡単に会話ができます。
これと同じことを世界中のコンピュータをつないだネットワーク同士が行うことで、私たちは通勤電車の中でも、カフェからでも、アメリカ、ブラジル、スペイン、果ては南極の昭和基地から発信された情報を素早く簡単に知ることができるようになったのです。

インターネットとWebの違いとは？

Webという言葉を見聞きする機会は多いため、「インターネット＝Web」と混同している人はたくさんいます。
しかし、インターネットとWebは根本的に違う意味です。
インターネットとは、ネットワーク同士がつながり会話できる仕組みであり通信のルール。対してWebとは、私たちが普段パソコンやスマホの画面で見ているページを指します。ちなみに、Webは正確には「World Wide Web（ワールド・ワイド・ウェブ）」といいます。

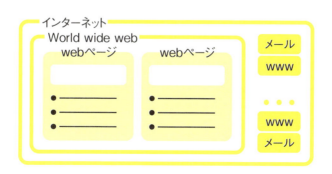

2日目 2/6 Webサイトの特性と種類

インターネットと同様、意味がわかるようでわからない「Webサイト」。基礎知識を解説するよ!

Webサイトとは

Webサイトと聞くと「?」となるかもしれません。**Webサイトとは、トップページ、会社概要、商品紹介、お問い合わせなどのページが集合したものを指します**。今では、ほぼ同じ意味として「ホームページ」と呼ばれています。

Webサイトの特徴

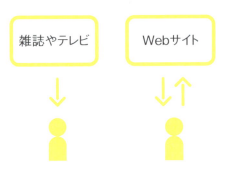

Webサイトには、テレビや雑誌などとは違った特徴があります。

それは、**すぐに双方向でコミュニケーションが行えること**。Webサイトを見た結果、その場で購入したことがあると思います。これが他の媒体にはないWebサイトの特徴です。

Webサイトの規模

これから学習するランディングページも、Webサイトの中の一つのページです。シングルページと呼ばれる縦長のシンプルなもので、ここ数年、販売や商

品プロモーション、キャンペーンで使用されることが増加しています。サプリメント、コスメ、パーソナルトレーニングなどの広告として目にされたことがあるでしょう。

このような縦長のページだけが存在するWebサイトを**「シングルページサイト」**。会社概要なども含めて10前後のページを持つ、小さな個人向けのものを**「軽量サイト」**。アマゾンや楽天、ZOZOのような数百ページを超えるものを**「大規模サイト」**と呼ぶことがあります。

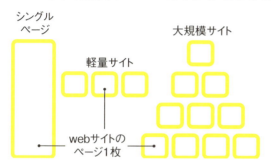

今回学習するランディングページは、上の図の軽量サイトや大規模サイトにも欠かすことができないものです。
特にWebサイトのページ数が増えれば増えるほど、紹介したい商品やサービスも増えていきますので、ランディングページの需要は増えていく傾向にあります。

また、ページの数が増えるほど、Webサイト全体のテーマやコンセプト、どのような人に見てもらいたいのかを明確にし、違和感が出ないようにするために「Webディレクター」と呼ばれる職業の方がリーダーとなって仕事を進めることになるわけです。

2日目 3/6 検索スキルを身につけよう!

プログラミングをしていると、わからないことに遭遇するはず。だけど、「検索力」が高ければスピーディに問題解決できるぞ!

ランディングページを作るとき、わからないことが出てくるはずです。本書に書かれていることだけで解決できる場合もありますが、副業で依頼を受けたとき、新しい技術を取り入れなくてはいけないことも出てきます。そんなとき、わからないからといって放っておくことはできないはずです。

よって、自分で検索して調べるスキルが重要になってきます。

検索する方法

検索する方法は、皆さんおなじみ「Google」を活用しましょう。

もし知りたいことが出てこない場合には、検索の仕方が悪いということです。良い質問からしか良い答えは導き出せません。これは人に対しても情報に対しても同じです。

検索方法のポイント

では、Googleで検索するとき、どのようなことを意識すればいいのでしょうか。ポイントは**「どんなキーワードを並べるのか」**ということです。

例えば「京都駅周辺で人気の喫茶店」について知りたいとしましょう。

このとき、ほとんどの人が「京都駅　人気　喫茶店」と入力するはずです。

間違っても「京都　人気　喫茶店」とは入力しないはず。もしこのようなキーワードで検索すると、京都駅からかなり離れた喫茶店もヒットしてしまいます（これは京都駅から離れたところに人気店が多いからです）。

　この例と同じように、これから出会った疑問についても、**具体的に何を知りたいのかを2、3つの具体的なキーワードにして検索するようにしてください。**

Google

京都駅　人気　喫茶店

Google 検索　　I'm Feeling Lucky

検索キーワードのポイント

　検索のポイントは以下のとおりです。

▶ **キーワードとなる単語は空白で区切ります**
▶ **単語は知りたいことを具体的にします**
▶ **最低でも2つ、理想は3つの単語で検索しましょう**

検索例1）html 文字 大きく
検索例2）css 背景 色
検索例3）javascript リンク クリック
　「言語＋何を＋どうしたい」で考えると検索ワードが思いつきやすいです。

2日目 必ず知っておきたい3つの言葉

4/6

「ファイル」「フォルダ」「ディレクトリ」……一見、難しい言葉に思えるけど、プログラミングをするうえでは避けては通れないよ。この機会に覚えよう!

ファイルと拡張子

　これから学習するランディングページは、私たちが普段使っている「ワード文書」と似ています。最も似ている部分は、どちらも文字情報だけで構成されているかたまりだということ。このかたまりを**「ファイル」**と呼びます。

　さらに、ファイルにはコンピュータや私たちが簡単にどのような情報が入っているのかを判断しやすくするため、**「拡張子」**というファイルの種類を表す記号がファイルの後ろに付いています。

　　js-sample.html
　　sample.html
　　yoga-studio-lp.html

左図の下線部分を「拡張子」と呼びます。

ランディングページで使われるおもな拡張子

▶ ワード形式　.docx
▶ テキスト形式　.txt
▶ HTML形式　.html　もしくは　.htm
▶ GIF形式　.gif
▶ JPEG形式　.jpeg　もしくは　.jpg
▶ PNG形式　.png

フォルダとディレクトリの違い

普段使うことが多い言葉は**「フォルダ」**でしょう。しかしWebサイトの一つであるランディングページを制作するときには、ちょっと専門的に**「ディレクトリ」**と呼ぶことが多いです。

厳密には「フォルダ」とは文書情報などのファイルを「入れておくもの」、すなわち箱。「ディレクトリ」とは文書情報などのファイルを入れた箱の「場所」を意味しています。ただ最近では、両方を同じ意味で使うことがほとんどです。**普段の仕事ではフォルダ。副業するときにはディレクトリ。**はじめはなれないかもしれませんが、大切なことですので覚えておきましょう。

ファイル名とディレクトリ名のルール

これから作るランディングページのファイル名とディレクトリ名をつけるときには6つのルールがあります。

1 英数字の小文字に統一する

例）

OK　→　index、landingpages、images、css、folder1　など

NG　→　INDEX、landingPages、images!、css&、folder-1　など

2 全角文字や半角カナは禁止

全角文字とは漢字やひらがな、カタカナなどです。全角文字と半角カナは正しく認識できないことがあるので使わないようにしましょう。

3 空白[スペース]は入れない

例）「index images」

→indexとimagesの間に空白が入っているのでNG

4 使えない記号がある

「¥」「/」「;」「:」「,」「?」「<」「>」「"」「|」

　上記をはじめとする記号は、ファイル名やディレクトリ名には使わないのが理想です。1であったように「英数字の小文字」で統一しましょう。

5 ファイル名には必ず「拡張子」をつける

　P40で紹介したような「拡張子」は必ずつけてください。拡張子はファイル名の最後につける「.(ピリオド)」の後ろに追加する3〜4文字です。

　例)「landingpage.html」

6 できるだけ途中で変更しない

　途中で変更すると、例えばファイル名を手がかりに表示していた画像が見つけられなくなり、画像が表示されなくなってしまいます。

Memo URLとドメイン

　インターネットを使ったプログラミングを学ぶと、必ず登場するのが「https://www.xxxx.co.jp」というようなアルファベットの羅列です。これはURL(ユー・アール・エル)と呼ばれ、ホームページやランディングページがある場所と情報をやりとりする方法を示しています。普段の暮らしに例えると「○○さん」の家の住所と連絡方法ということになります。

　住所には階層があり、階層ごとに「ドメイン」という単位で場所が管理されています。例えば「www.example.co.jp」の場合、どうやって住所を見つけるのかというと……。

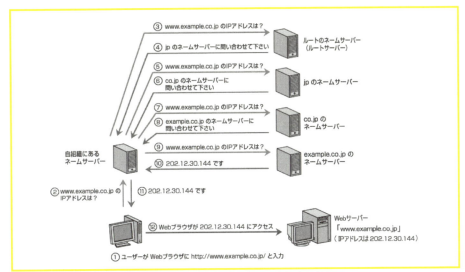

出所:一般社団法人日本ネットワークインフォメーションセンターHP
https://www.nic.ad.jp/ja/dom/system.html

　このように「www.example.co.jp」の右から左に向かって上から順に管理している大きなコンピュータへ次の場所を聞きながら、目的地の細かな場所（IPアドレスといいます）を教えてもらい、最後は私たちのパソコンやスマホの画面へ目的の住所にあるページが表示されるようになっています。

　人間は左から右に向かってドメインを覚えますが、コンピュータは右から左に向かってドメインを調べていくのが特徴です。

2日目 5/6 いよいよ準備！副業環境を整えよう

プログラミング副業で必要な道具はPCだけ。スタートする前に快適に始めるため、PCの設定をしよう！

ファイルの拡張子を見えるようにする

　ファイルには種類を判別するために「拡張子」というものがあることを説明しました。この便利な拡張子、WindowsもMacも最初は隠れていて見えないようになっています。そこでパッと見てわかるように拡張子が見えるようにしておきます。

Windows10の場合

　エクスプローラーを起動してください。上のメニューから「表示」を選ぶと、中央付近に「ファイル名拡張子」という項目がありますので、そこにチェックをつけましょう。

Mac OS10.11.6の場合

　Finderのメニューから「環境設定...」を選びます。「Finder 環境設定」が表示されますので「詳細」を選び「すべてのファイル名拡張子を表示」にチェックをつけましょう。

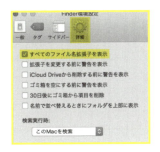

作業フォルダを用意する

　副業するための場所（フォルダ）を用意します。フォルダはパソコンの中ならどこでもOKですが、本書では次の場所へ作ります。

Windowsの場合

　エクスプローラーで「ドキュメント」を表示し、ホームメニューから「新しいフォルダ」を選択。ドキュメントの中に「yogalp」というフォルダを作成しましょう。そして「yogalp」の中に「css」「js」「images」という3つのフォルダを作りましょう。

Macの場合

　Finderで「書類」を表示し「新規フォルダ」を選択。書類の中に「yogalp」というフォルダを作成しましょう。そして「yogalp」の中に「css」「js」「images」という3つのフォルダを作りましょう。

テキストエディタの用意

ランディングページをつくるとき、重要なのが**「テキストエディタ」**と呼ばれるツールです。

ランディングページを構成するファイルの中身は、文字データとなっています。そして文字データの集まりを**「テキストデータ」**と呼びます。これから作業していくためには「テキストデータ」を直感的に触ることのできるツールが必要となります。

Point

Windowsなら「メモ帳」を、Macなら「テキストエディット」を使おう。これらは最初から入っているアプリケーションだよ！

ついつい人間は道具が見つからないとか用意できないという理由で、前に進まない言い訳をしがちです。まずは今あるものを使って前に進んでいきましょう。

もっと使いやすくてかっこいいツールが使いたいという方には、P32で紹介したAdobe社の無料ツールもおすすめです。

ブラウザの用意

インターネットに接続し、Webサイトを見るときには「ブラウザ」というツールを使います。

ブラウザには「Internet Explorer」「Edge」「Safari」「Google Chrome」などがあります。

どれもほぼ同じなのですが、**スマホの表示なども簡単に試せる機能のある「Google Chrome」を本書では使っていきます。**

Google Chromeのインストール方法

インストール方法については、ご自身の検索スキルを向上させるため、次のキーワードで検索してみてください。そして検索結果の中から理解しやすいと感じたページを参考にしてみましょう。

▶ **Windowsの場合：「Windows Chrome インストール 方法」**
▶ **Macの場合：「Mac Chrome インストール 方法」**

または、こんなキーワードでも検索できます。

▶ **Windowsの場合：「Windows Chrome インストール やり方」**
▶ **Macの場合：「Mac Chrome インストール やり方」**

とにかく「習うより慣れろ」です！
副業への一歩目を進んでいきましょう。

2日目 6/6 ランディングページの構成はかなりシンプル！

一見、複雑な作りに見えるランディングページ。でも実は、テキスト、デザイン、アクションの3つだけで構成されているんだよ！

ランディングページを構成する3つの要素

ランディングページは、大きく分けると3つの要素からできています。

1 テキスト（文章）
2 デザイン（レイアウトや配置、色など）
3 アクション（動き）

1 テキスト

テキストとは、私たちが読む文章のことです。ランティングページで紹介する商品の特徴であったり、商品を使うことで得られる未来の理想像であったりします。

2 デザイン

デザインとは、文章や画像をどこに配置するのか、文章の中で強調したい言葉の色や文字の形をどのようにするのかを決めます。

最近ではパソコンだけではなく、スマホで見たときにもわかりやすい配置が必要となっていますので、デザインはランディングページと切り離すことはできません。

③ アクション

アクションは、ランディングページに「動き」を与えたいときに使います。この場合の動きとは、右から左に動くということではなく、**「計算する」「地図を表示する」「動画を表示する」**といったことを指します。

アクションはランディングページに必ず必要なものではありません。しかし最近では動きのある情報を提供するケースも増えているため、3つ目の要素として紹介しました。

3つの要素を受け持つ技術

①～③を実現するために、それぞれの役割を持った技術があります。

① の役割：HTML（エイチ・ティー・エム・エル）

主に文章や文章の段落、情報のまとまりを決める役割です。

② の役割：CSS（シー・エス・エス）

デザイン全般を決める役割です。この技術なくしてカッコイイ見た目、美しい見た目はできあがりません。

③ の役割：JavaScript（ジャバスクリプト）

動きをサポートする役割です。プログラミング言語の一つです。

2日目のまとめ
- ☐ インターネットは通信方法、Webは普段見ているもの
- ☐ プログラミング副業で大事なのは、自分で検索するスキル
- ☐ Webサイトには種類と規模に違いがある
- ☐ ランディングページには3つの役割が必要

3日目 1/1 【課題1】サンプルファイルの表示

はじめての課題です！ わからないことがあったら、「ヒント」を参照したり、これまで学んだページを見直そう！

課題の内容

下の手順に沿って、正しく表示されるか環境を確認しながら進めよう！

STEP1 完全版をダウンロードする

▶ **ダウンロードページはこちら**

https://021pt.kyotohibishin.com/books/lppg/

※完成版のファイルはWindows、Macともに「ダウンロード」というフォルダへ保存されます。保存されたzipファイルをドキュメント（Macの場合は「書類」）フォルダへ移動してください。

※インターネットの通信状況によってダウンロードできないことがあります。その場合はしばらく時間をおいてから試してください。

STEP2 ダウンロードファイルの内容を確認

ダウンロードしたzipファイルを展開すると「proglp」というフォルダができます。フォルダの中には以下の4つ（「gymlp」「letstry」「yogalp」「課題」）のフォルダがあります。

```
▲ 📁 proglp
   ▲ 📁 gymlp
      📁 img
      📁 js
   ▲ 📁 letstry
      ▷ 📁 3章
      ▷ 📁 4章
        📁 5章
   ▲ 📁 yogalp
      📁 css
      📁 images
   ▲ 📁 課題
      ▷ 📁 2章
      ▷ 📁 3章
      ▷ 📁 4章
      ▷ 📁 5章
      ▷ 📁 6章
```

STEP3 作業フォルダの確認

　P45で作成した「作業フォルダ」はできているでしょうか。まだ作成されていない場合は、P45の内容を参考にして作業フォルダを作成してください。

STEP4 サンプルコードを入力する

　P46で説明したテキストエディタを起動しましょう。起動できたら以下のサンプルコードをキーボードから入力します。

```
1    <html><body>hello lp</body></html>
```

　入力が終わったら、ファイル名や保存場所、形式を以下の内容に従って保存します。なお、Macのテキストエディットで保存する場合、注意点があります。本書の特設サイト内の「追加情報やQ&Aはこちら」をご確認ください。

▶ **ファイル名：sample.html**
▶ **保存場所：ドキュメント/yogalp/ 〔Mac：書類/yogalp〕**
▶ **保存形式（文字コード）：utf-8**

　今後登場する課題も同じ方法でコードを入力し保存していきます。

※保存形式（文字コード）に「UTF-8」を指定することを忘れないように！
※画面はWindowsです。

STEP5 ブラウザで表示する

　保存したファイル「sample.html」をエクスプローラー(Macの場合はFinder)で保存場所から見つけてください。

　見つかったら、「sample.html」をダブルクリック。するとP47で準備したGoogle Chromeが立ち上がります。

※今回初めてGoogle Chromeを使われる方へ。
「アプリケーションの選択」画面が表示された場合は「Google Chrome」を選んでください。

答え合わせ

hello lp

入力したサンプルコードが左図のようにブラウザへ表示されたら正解です。

これで環境が準備できました。明日からいよいよ学習をスタートしていきましょう。

うまくいかないときは完成版を見比べよう

本書でつくるランディングページは、これから順番に手を動かして入力し覚えていきます。

念のため、P50のダウンロードページに、サンプルとして完成版のファイルも納めました。

うまくいかないときなど、作成したファイルと見比べて、どこが違っているのか確認してみてください。

3日目のまとめ
- ☐ 検索の方法を覚えておこう
- ☐ テキストエディタでの保存形式に注意！
- ☐ HTMLとCSS、JavaScript、それぞれの役割を理解しよう

Memo 「Let's Try」について

これから進めていくなかで「Let's Try」が登場します。これは手を動かしながらスキルを獲得するために大変貴重な体験です。でも、今はよくわからなくてOKです。「Let's Try」が登場したときにもう一度、このページを読み返してください。そのときには簡単に理解できるようになっているはずです。

① 「Let's Try」用の作業フォルダの確認

「Let's try」用の作業フォルダが「ドキュメント/lptry/（Mac：書類/lptry）」に作成されているか確認します。まだ作成されていない場合は、P45の内容を参考にして作業フォルダを作成してください。

② 「Let's Try」のコードを入力する

テキストエディタを起動し「Let's Try」のコードをキーボードで入力します。

③ 入力が終わったら保存します

入力が終わったら、以下の内容に従って保存します。

▶ **ファイル名：ページ数.html**（例：P65の「Let's Try」なら、「065.html」とします）
▶ **保存場所：ドキュメント/lptry/**（Mac：書類/lptry）
▶ **保存形式：utf-8**

④ ブラウザで表示してうまくできたか確認します

第 **3** 章

テキストや
画像を入れて
「ページの骨組み」を
作ろう!

4日目 1/6 文章の役割を指定する「世界共通言語」とは？

Webサイトのページを作成するときに欠かせない存在。その1つが「HTML」。その役割を知っておこう！

文章の役割を指定する理由

　Webサイトのページやランディングページは、ブラウザで表示されます。そのとき、ブラウザに対して「文章のこの部分は段落ですよ」「見出しですよ」「エクセルのような表が入りますよ」「画像が入りますよ」「別のページにジャンプできますよ」などと教えてあげる必要があります。

世界共通言語「HTML」とは

　文章の役割を指定する世界共通言語。それがHTML（HyperText Markup Language）です。聞いたことはあるという人が多いと思いますが、意味まで知っている人は少ないのではないでしょうか。

　まずハイパーテキストとは何か？「○○はこちら」というボタンやリンクをクリックすると、別のページへジャンプした経験があるでしょう。誰もが意識せず便利に使っていますが、**ハイパーテキストはお互いにジャンプしあえる機能のことです。**

　マークアップとは、**「タグ」**と呼ばれる世界共通で決められた文字を使ってブラウザが理解できるようにすることです。

ランゲージは「言語」という意味です。言語というと、プログラミングに興味をお持ちの方は「Java」「C言語」「Python」「PHP」という難解なものを想像するかもしれません。

しかし、**HTMLはこれらのプログラミング言語に比べると、覚えるのも使うのも簡単**です。本書を進めていくことで、すぐに解読することができるようになるでしょう。

Memo 世界共通って誰が決めてるの？

上のような疑問を持たれたかもしれません。HTMLは「W3C」と呼ばれる機関によって仕様(ルール)が決められています。W3Cとは「World Wide Web Consortium」の略で、大学や研究機関、マイクロソフトなどのソフトウェア企業も多数参加しています。

HTMLの仕様にはバージョンがあります。2.0、3.2、4.01というように何度も改定されたことで、新しい機能が増え、時代に合わなくなった機能を整理しています。

例えばHTML2.0では、見出しや段落、リンク、エクセルシートのような表形式（テーブル）機能などが追加されました。3.2ではデザイン機能を追加。しかしデザイン機能を取り入れたことで、HTML本来の機能である文書の役割を逸脱することになり、4.0ではデザインを分離することが求められることに。4.01になるとすべてのユーザーが使えるようにするためのルールが追加されました。**現在の最新版はHTML5.0です。**これからもバージョンアップは繰り返され止まることはないでしょう。

また本書ではHTMLとhtml、2つの記述が出てきます。HTMLは言語そのもの（名詞）、htmlはソースコードに関係することに使い分けています。

4日目 2/6 文章の役割を示す「目印」とは?

HTMLにコードを書くとき、「画像なのか」「テキストなのか」「ロゴなのか」といった役割を"目印(タグ)"で示す必要があるぞ!

HTMLで役割を示す目印

「HTMLは文章の役割を指定する言語である」と前項で述べました。
では、どのようにして役割を指定するのでしょうか?
その方法が**「タグ」**と呼ばれる目印です。

タグを書くときの「4つの基本ルール」

タグを書くときにはシンプルなルールがあります。それは次のような内容です。
1 「<」と「>」で半角英数字を囲む
2 「<>」で囲った目印を開始タグと呼ぶ
3 開始タグに「/」(半角スラッシュ)をつけた目印を終了タグと呼ぶ
4 終了タグを省略できるものがある

タグの書き方

「<」と「>」で「p」という文章の段落を示す役割を書いたのが次の例です。開始タグと終了タグが対になっています。**開始タグと終了タグで挟んだカタマリを専門的には「要素」と呼びます。**

この例では、「p」の要素ということになります。

```
                      要素
<p> 今日からはじめるヨガ1DAYレッスン </p>
開始                                          終了
タグ                                          タグ
```

細かな指定をする「属性」

タグだけでは細かなことを示せない場合もあります。そんなときはタグへ付加情報を細かく伝えるために**「属性」**を使います。

例えば　<img src="image.png">　の場合、imgタグで表示する画像ファイルをsrcという属性で伝えています。

このように、属性は要素ごとに使える内容が決められています。

属性の書き方

開始タグの後ろに半角スペースを1つ入れ「属性」を指定します。属性の後ろに続けて「=」（イコール）を入力。その後ろに「""」（ダブルクォーテーション）を入れ、「""」のあいだに指定したい情報や値を入力します。

```
<img src="image.png" alt="ヨガ1DAYレッスン">
要素  属性      属性値      属性        属性値
```

上のように属性を2つ書くこともできます。3つ、4つと書くこともあります。また属性を書く順番に決まりはありません。

4日目 3/6

「大きな箱」と「2つの小さな箱」

HTMLの構造は極めてシンプル。HTMLという「大きな箱」のなかに「2つの小さな箱」が入っているイメージだよ!

HTMLの基本構造

　HTMLには基本の枠組みがあります。どのようなランディングページやWebページを作っても、基本の枠組みからスタートします。
　では、どのような枠組みになっているのでしょうか。

```
html
  ┌─────────┐
  │  head   │
  └─────────┘
  ┌─────────┐
  │  body   │
  └─────────┘
```

　htmlという大きな箱をイメージしてください。
　次にhtmlという大きな箱の中に2つの小さな箱が上下に入っている様子をイメージします。
　上の小さな箱を**「文書のヘッダ(head)情報」**、下の小さな箱を**「ボディ(body)情報」**と呼びます。

文書のヘッダ情報(head)とは

　文書のヘッダ情報とは、コンピュータに「どんなページなのか」を素早く理解してもらうためのものです。例えば、「ページのタイトル」や「言語(日本語、英語、スペイン語など)」です。

文書のヘッダ情報は、私たちが使うブラウザや「Google」のような検索サービスがすぐに理解できるよう助けています。

ボディ情報【body】とは

Webページを見ると、文章、画像、動画を目にします。この部分の情報が入っている箱を「ボディ情報」と呼びます。

「大きな箱」と「2つの小さな箱」とは

ここまでをまとめると、

▶ **文書のヘッダ情報は、「コンピュータ用の情報」が入った箱**
▶ **ボディ情報は、「人間が見るための情報」が入った箱**
▶ **2つの箱がバラバラにならないよう、まとめるのがhtmlという大きな箱**

ということです。こんなふうにイメージして覚えておきましょう。

普段、私たちがパソコンやスマホで見ているページには、コンピュータ用の情報が隠れています。スマホから簡単に決済できるQRコードのように、見てもわかりませんが実は多くの情報をやりとりしているのと似ています。

4日目 4/6 HTMLで学ぶ24個の「タグ一覧」（前編）

HTMLを学ぶうえで、これだけは押さえてほしい基本的なタグの概要を紹介するよ！

ランディングページを作っていくうえで、最低限覚えておいてほしいHTMLタグをここから紹介していきます。

ここですべて覚えるのは難しいと思いますので、今の段階では「こういうものがあるんだ」と思って見てみてください。

構造や情報を指定する19個のタグ

以下のように、「基本の構造」「コンピュータ用の情報」「人が見たとき用の情報」の3つに大別できます。

基本の構造

<!DOCTYPE>　これからHTMLを使う宣言をする
<html>　大きな箱を用意する
<head>　コンピュータへ教える情報を指定する
<body>　人へ伝える情報を指定する

コンピュータ用の情報

<meta>　大きな箱の追加情報を指定する
<title>　大きな箱のタイトルを指定する
<header>　人へ伝える情報を3つに分ける（1）

\<main\>　人へ伝える情報を3つに分ける（2）

\<footer\>　人へ伝える情報を3つに分ける（3）

人が見たとき用の情報

\<h1\>〜\<h6\>　文字の重要度を指定する

\<p\>　段落を指定する

\<br\>　改行する

\<blockquote\>、\<q\>　引用する

\<big\>、\<small\>、\<strong\>　文字の大きさや太さを変える

\<ul\>　箇条書きにする

\<img\>　画像を表示する

\<a\>　別のページへジャンプする

\<div\>　「見栄えの領域」を指定する

\<input type="button"\>　プログラムを動かすきっかけを与える

一つずつ慌てずに覚えていこう

　こういったHTMLタグは日進月歩で進化し増えていきます。新しい技術が登場したり、新しいサービスが始まり拡大したりすることで、これまではなかったHTMLタグが追加されることもあります。

　しかし、本書で紹介する基本的なタグを覚えておけば、最低限必要なHTMLの技術を身につけたことになります。

　次ページからは、各タグの説明を一つひとつしていきますので、ゆっくり慌てずに学習していきましょう。

4日目 5/6 「はじまりの宣言」と「大きな箱の指定」

HTMLを書く際は、一番上にこの2つを書くことからはじめよう！　どんなWebサイトも、すべてはここからはじまる！

「はじまりの宣言」が必要な理由

P57お伝えしたように、HTMLはこれまで何度も改定をしていて、複数のバージョンが存在します。そこで「自分がこれから作るページは、このバージョンですよ」と宣言する必要があります。

宣言の方法

<!DOCTYPE html>

現在はHTML5というバージョンが主流ですので、上のように宣言します。HTMLでコード（プログラミング言語で記述されたテキスト）を書く際は、**この宣言を必ず一番上に入れなくてはなりません。**

> Point
> 大文字と小文字が混在しているところに注意！

大きな箱を示すタグ（要素）が必要な理由

前項でお話ししたように、コンピュータが理解する情報と人間が見る情報

がバラバラにならないよう、まとめておく大きな箱を指定する必要があります。

タグ（要素）の書き方

<html>〜</html>

また大きな箱の中で使う言語は「日本語」だと教えたいので、開始タグに「lang="ja"」という属性を追加します。

<html lang="ja">

つまり、基本的には以下のように書くということです。

<html lang="ja"></html>

このタグは、<!DOCTYPE html>の下に書くことになり、必ず入れなければならないものです。

Let's Try 「はじまりの宣言と大きな箱の指定」をしよう

左のHTMLコード、「はじまりの宣言」と「大きな箱の指定」をテキストエディタから入力し、ブラウザで表示してみましょう。

宣言と大きな箱の内容（HTML）

```
<!DOCTYPE html>
<html lang="ja">
</html>
```

ブラウザで表示された結果

大きな箱を作っただけなので、ブラウザには「何も表示されない」のが正解です。

4日目 6/6 「2つの小さな箱」を指定しよう

HTMLという「大きな箱」のなかには2つの「小さな箱」が必要だよ!

「文書のヘッダ情報」が必要な理由

コンピュータに間違いなく理解してもらい正しく動作させるためには、人間がコンピュータへ寄り添ってあげる必要があります。

これは、ランディングページを作るときも同様です。**はじめにコンピュータへ正しく理解してもらうために、必要な情報を与えなければなりません。**

「文書のヘッダ情報」を示すタグ

<head>〜</head>

コンピュータへは「どんな文字を使っているのか」「どんなタイトルなのか」という基本情報をはじめに理解してもらいます。詳しくは次頁から説明していきます。

「ボディ情報」が必要な理由

コンピュータと人間は、理解の方法が異なります。コンピュータは理路整然と並んでいる情報を理解するのが得意です。一方、人間は「文字と文字の余白」や「改行」などがないとスムーズに理解できません。

文書のヘッダ情報がコンピュータへ向けた情報であったように、今度はボディ情報で人間に向けた情報を指定する必要があります。

「ボディ情報」を示すタグ

<body>〜</body>

文章の読みやすさは、文字の大きさや並び方、画像のあるなしで変わります。読みやすく理解しやすくするために、次頁から詳しく説明する情報を指定します。

Let's Try 「2つの小さな箱」を指定しよう

左のようにコードを書いて、ブラウザで表示し確認してみましょう。

ヘッダとボディのHTML
```
<!DOCTYPE html>
<html lang="ja">
<head></head>
<body>yoga studio OPEN!</body>
</html>
```

ブラウザで表示された結果
```
yoga studio OPEN!
```

▶ 順番は、「文書のヘッダ情報」→「ボディ情報」になります。
▶ この2つの要素は、ともに大きな箱 <html lang="ja"></html> のなかに入れます。

4日目のまとめ
- ☐ HTMLは世界共有言語である
- ☐ 大きな箱と小さな箱があることをイメージしよう
- ☐ コンピュータ用の情報と人間用の情報がある

第3章 テキストや画像を入れて「ページの骨組み」を作ろう！

5日目 1/4 「1つめの小さな箱」に入れる要素とは？

1つめの小さな箱のなかでは、「文字コード」と「タイトル」という2つの要素を指定する必要があるよ！

　P60で、大きな箱のなかに「文書のヘッダ情報」と「ボディ情報」という小さな箱が2つ入ることを解説しました。では、小さな箱にはそれぞれどのような要素が入るのでしょうか。

　ここではまず、**小さな箱の1つめ「文書のヘッダ情報」のなかに入る要素**について見ていきましょう。

文字コードが必要な理由

　P61で「文書のヘッダ情報は、コンピュータ用の情報が入った箱」と述べました。「コンピュータ用の情報」は、2つに分けることができます。

　1つめは、**「文字コード」**です。これを入力しないと文字化けする可能性があるため、次の宣言だけは必ず使うようにしましょう。

「文字コード」を示す宣言

```
<meta charset="UTF-8">
```

　この宣言は、大きな箱の情報が**「UTF-8（ユーティーエフエイト）」**と呼ばれる文字形式で保存されていることをコンピュータに教えています。詳しく説明すると難しくなるので、**この宣言をそのまま覚えるようにしてください。**

タイトルが必要な理由

「コンピュータ用の情報」の2つめは、**「タイトル」**です。

　ブラウザを開くと、画面上部に「タブ」が出てきて、そこに文字が書かれています。例えばGoogleのトップページを開いているときは、タブ内に「Google」と表示されているはずです。これがタイトルです。タイトルを見れば、今どんなページがブラウザで表示されているかが一目でわかります。

「タイトル」を示すタグ

<title>～</title>

なお、ランディングページを作成するにあたって、「文字コード」と「タイトル」の指定は必ず行うものだと覚えておいてください。

Let's Try 「文字コードとタイトル」を指定しよう!

　左のようにコードを書いて、ブラウザで確認してみましょう。

追加情報とタイトルのHTML

```
<!DOCTYPE html>
<html lang="ja">
<head><meta charset="UTF-8"><title>ヨガスタジオOPEN</title></head>
<body>ヨガスタジオ○月○日(日)OPEN!　月額2,500円</body>
</html>
```

ブラウザで表示された結果

ヨガスタジオ○月○日(日)OPEN!　月額2,500円

　タイトルが表示されたら成功です。

▶ 順番は、「文字コード」 → 「タイトル」です。

▶ この2つの要素は、ともに「文書のヘッダ情報 <head></head>)」の間に入れましょう。

「2つめの小さな箱」は3つに分けて指定する

5日目 2/4

2つめの小さな箱のなかでは、<header>〜</header>、<main>〜</main>、<footer>〜</footer>の3つを指定する必要があるよ！

では、続いて2つめの小さな箱（ボディ要素）について解説しましょう。

P61で**「ボディ情報は、人間が見るための情報が入った箱」**と書きました。

この部分こそ、**テキスト、画像、動画**など、私たちがブラウザを通して普段目にしている情報です。

したがって、前項で紹介した、1つめの小さな箱に入る要素が「文字コード」と「タイトル」だけだったのに対し、**2つめの小さな箱に入る要素は、制作したいページによって大きく変わります。**

3つの領域に分ける理由

ページを表示するものがパソコンだけならいいのですが、現在はスマホやタブレットがあります。

ご存じのように、それぞれ画面の大きさや縦横の比率が、メーカーや機種によって違っています。この違いをデザインによってカバーするために、3つの領域を示すタグを指定しておく必要があるのです。

ヘッダ領域を示すタグ

<header>〜</header>

→ページのタイトルやロゴなどを指定する領域として使いましょう。

コンテンツ領域 [本文] を示すタグ

<main>～</main>

→ページの本文を指定する領域として使いましょう。

フッター領域を示すタグ

<footer>～</footer>

→ページの最下部にコピーライトを入れる領域として使うことが多いです。

Let's Try 「3つの領域」に分けて指定しよう

下のコードを書いて、ブラウザで確認してみましょう。

3つの領域のHTML

```html
<!DOCTYPE html>
<html lang="ja">
<head><meta charset="UTF-8"><title>ヨガスタジオOPEN</title></head>
<body>
<header>ヨガスタジオ○月○日(日)OPEN!　月額2,500円</header>
<main>事実、30代以上の方が、ヨガをはじめています。</main>
<footer>(C)2019 hibi-yoga-studio.</footer>
</body>
</html>
```

ブラウザで表示された結果

ヨガスタジオ○月○日(日)OPEN!　月額2,500円
事実、30代以上の方が、ヨガをはじめています。
(C)2019 hibi-yoga-studio.

5日目 3/4 コードを読みやすくするための工夫

コードは長くなればなるほど読みにくくなるもの。そこで「インデント」と呼ばれる字下げをすることで視覚的にやさしくなるよ！

視覚的にやさしくする理由

　ここまで作ったHTMLの内容をパッと見ると、ダラダラと英字が並んでいるのでイライラしませんか？
　ここからさらにコードを書き足していくと、どのような構造のプログラミングなのかがわからなくなってしまいます。
　そこで、「インデント」という工夫をします。

インデントとは

　インデントとは「字下げ」のことです。それぞれの行の先頭にスペース(半角空白)を入れることで、ダラダラ並んでいる行を階層に変えて表現することができます。インデントを入れることで、視認性が向上し、自分が書いた内容を理解しやすくなります。

　またページは更新がつきものです。後から見たときパッとわかると作業時間も短縮でき、同じ報酬で他のことを楽しむ時間が手に入れられるでしょう。

実際に見比べてみよう!

インデントなしのHTML

```
<!DOCTYPE html>
<html lang="ja">
<head>
<meta charset="UTF-8">
<title>ヨガスタジオOPEN</title>
</head>
<body>
<header>ヨガスタジオOPEN!</header>
<main>30代以上の方に人気。</main>
<footer>(C)2019 hibi-yoga-studio.</footer>
</body>
</html>
```

インデントありのHTML

```
<!DOCTYPE html>
<html lang="ja">
<head>
  <meta charset="UTF-8">
  <title>ヨガスタジオOPEN</title>
</head>
<body>
  <header>ヨガスタジオOPEN!</header>
  <main>30代以上の方に人気。</main>
  <footer>(C)2019 hibi-yoga-studio.</footer>
</body>
</html>
```

　いかがでしょうか。右のほうがインデントがあり階層がわかりやすいと思います。

インデントを有効活用しよう

　インデントで使用するスペースの数に決まりはありませんが、私は**「半角スペース2つ」**が好みです。

　インデントを使用するとき、キーボードの左端の少し上にある**[tab]**キーを使う方法があります。

　階層1回分に対して[tab]キーを1回入力。これならスペースキーを何度も押さなくていいので便利です。

　なお、サンプルを見て気づかれた方もいらっしゃるかと思いますが、<html>という大きな箱の中にある<head>と<body>にインデントがありません。この2つの階層にもインデントを付けてOKです。

　ただ、本書では階層が増えてしまう（深くなる）と読みづらくなるため、お決まりの<head>と<body>を<html>と並べています。

5日目 4/4 特殊記号を表示する方法

テキスト内には「<」「>」「\」など特殊記号を使うこともあるよね。ここでは、コード上でどう書くべきか解説するよ！

記号を表示する理由

　Webページに表示する文章の中には、記号を使うことがあります。記号も漢字と同じように全角文字を使用するなら問題はありません。
　しかしクライアントから「全角文字は使わないでください」と指示があった場合、特殊記号を表示する方法がわからないと焦ります。

特殊フォントとは

　特別な記号を表示するとき**「特殊フォント」**と呼ばれるものを指定して使います。特殊フォントは記述した内容とブラウザで表示されたときでは見え方が変わります。例えば、**「&」**というコードを書いてブラウザで表示すると「&」が表示されます。

特殊フォントの記述方法

&キーワード;

「&（プログラミング業界では"アンド"ではなく"アンパサンド"と読みます）」から始まり、特殊フォントのキーワードを指定し、「;（セミコロンと読みます）」で終わらせるのがルールです。

特殊フォントの一覧

<	&lt;	±	&plusmn;	♥	&hearts;
>	&gt;	²	&sup2;	♦	&diams;
"	&quot;	³	&sup3;	≠	&ne;
©	&copy;	™	&trade;	〒	&#12306;
®	&reg;	♠	&spades;	㈱	&#12945;
¥	&yen;	♣	&clubs;	㈱	&#12849;

特殊フォントはこれ以外にもあります。「HTML　特殊フォント」で検索してみてください。

Let's Try 特殊フォントを指定してみよう!

下のコードを書いて、ブラウザで確認してみましょう。
フッターにコピーライトの記号「©」が表示されたら成功です。

特殊フォントを指定したHTML

```
<!DOCTYPE html>
<html lang="ja">
<head>
  <meta charset="UTF-8">
  <title>ヨガスタジオOPEN</title>
</head>
<body>
  <header>ヨガスタジオ○月○日(日)OPEN!　月額2,500円</header>
  <main>事実、30代以上の方が、ヨガをはじめています。</main>
  <footer>&copy;2019 hibi-yoga-studio.</footer>
</body>
</html>
```

ブラウザで表示された結果

```
ヨガスタジオ○月○日(日)OPEN!　月額2,500円
事実、30代以上の方が、ヨガをはじめています。
©2019 hibi-yoga-studio.
```

5日目のまとめ

- ☐ 文字コード「UTF-8」を必ず書くことを忘れないように
- ☐ 3つの領域を覚えておこう
- ☐ インデントを意識すると他のプログラミング学習でも役立ちます

【課題2】ヨガスタジオのネット広告作成

6日目 1/1

2回目の課題です! わからないことがあったら、「ヒント」を参照したり、これまで学んだページを見直そう!

課題の内容

下の手順に沿って、ヨガスタジオのオープンに使うネット広告の概略を作ろう!

STEP1 準備をしよう

テキストエディタを起動したら、まずは宣言と大きな箱を入力しましょう。

```
1  <!DOCTYPE html>
2  <html lang="ja">
3  </html>
```

入力を終えたらいったん保存します。保存先の情報は以下のとおりです。

▶ ファイル名:yoga-studio-lp.html
▶ 保存場所:ドキュメント/yogalp/ (Mac:書類/yogalp/)
▶ 保存形式:utf-8

※保存の仕方に不安があるときは、P51を復習してみましょう。

STEP2 大きな箱に２つの小さな箱を入れましょう

```
4    <head></head>
5    <body></body>
```

STEP3 コンピュータ向けの情報を設定しましょう

```
6    <meta charset="UTF-8">
7    <title>ヨガスタジオOPEN</title>
```

STEP4 人向けの情報を入力しましょう

```
8    <header>
9    ヨガスタジオ○月○日(日)OPEN!　月額2,500円
10   </header>
11   <main>
12   事実、30代以上の方が、ヨガをはじめています。
13   体質が変わった会員様の声
14   肩こりがなくなりました(30代)最近ぎっくり腰になりません!(40代)
15   期待できる効果!
16   ぽっこりお腹に
17   </main>
18   <footer>
19   &copy;2019 hibi-yoga-studio.
20   </footer>
```

ここまでできれば保存します。保存したファイル「yoga-studio-lp.html」をエクスプローラー(Macの場合はFinder)で保存場所から見つけます。ファイルを見つけてダブルクリックすると、ブラウザに以下の内容が表示されます。

答え合わせ

ブラウザで表示された結果が以下のようになっているかを確認しましょう。

ヨガスタジオ○月○日(日)OPEN!　月額2,500円
事実、30代以上の方が、ヨガをはじめています。体質が変わった会員様の声肩こりがなくなりました(30代)最近ぎっくり腰になりません!(40代) 期待できる効果!
ぽっこりお腹に
©2019 hibi-yoga-studio.

※横幅はお使いの環境によって違っていますので、文章の折り返すところが
　同じとは限りません。

　同じように表示されない場合は、テキストエディタに入力した内容を「間違い探し」で楽しむようにゆっくり見ていくと、必ず違いが発見できるはずです。

　表示されたら、見やすくするための工夫「インデント」を付けていきます。次ページのようにインデントを付けることで見やすさが違ってきますね。

6日目のまとめ

- ☐ 大きな箱と、その中に入る2つの小さな箱は大切
- ☐ 文字コードを指定することでコンピュータが間違えないようにしよう
- ☐ 3つの領域は人にとってもわかりやすくなる
- ☐ 特殊フォントで表現力をアップしよう
- ☐ インデントは人へのやさしさだと考えよう

課題2の正解コード

```
1   <!DOCTYPE html>
2   <html lang="ja">
3   <head>
4    <meta charset="UTF-8">
5    <title>ヨガスタジオOPEN</title>
6   </head>
7   <body>
8    <header>
9     ヨガスタジオ○月○日(日)OPEN!　月額2,500円
10   </header>
11   <main>
12    事実、30代以上の方が、ヨガをはじめています。
13    体質が変わった会員様の声
14    肩こりがなくなりました(30代)最近ぎっくり腰になりません!(40代)
15    期待できる効果!
16    ぽっこりお腹に
17   </main>
18   <footer>
19    &copy;2019 hibi-yoga-studio.
20   </footer>
21  </body>
22  </html>
```

7日目 1/5 重要度ごとに「見出し」をつけよう

Webページを見ていると、タイトルや見出しで文字の大きさが違うよね。ここでは、見出しの付け方を学ぶよ!

　文章には、注目してもらいたい部分があります。新聞や雑誌を見ると大きくて太い字で書かれている部分がありますね。
　同じようにランディングページの文章でも、注目を集めたい部分(見出し)へ重要度を指定し、目に飛び込んでくる仕掛けを取り入れる必要があります。

見出しの重要度とは

　見出しには、次のような重要度があります。会話をイメージしていただくとわかりやすいでしょう。

重要度最高:ボリューム大で力強く話し自分に注目してもらいたい
重要度高:ボリューム中で力強く話し流れに強弱をつけたい
重要度中:普段の声で力強く話し途切れそうな集中力を引き戻したい

　例えば、あなたが仕事でプレゼンをするとき、「今日のテーマは○○です!」という場面が「重要度最高」。「それでは1つめの、○○を見てください。」という場面が「重要度高」。「3つのポイントをお話します。」という場面が「重要度中」。
　話すときと同じように、文章も伝えたい場面と言葉で重要度が決まります。

見出しの重要度を示すタグ

それでは、重要度を示す方法を見ていきましょう。

- ▶ **重要度最高：<h1>〜</h1> → メインタイトルに使いやすい**
- ▶ **重要度高：<h2>〜</h2> → 話の区切りに使いやすい**
- ▶ **重要度中：<h3>〜</h3> → h2の中で区切りが必要なとき**
- ▶ **重要度小：<h4>〜</h4> → h3の中で分割したいとき**
- ▶ **重要度低：<h5>〜</h5> → h4の中で少しだけ強調したいとき**
- ▶ **重要度極低：<h6>〜</h6> → h5の中で強調したいとき**

※「h」は「heading」（見出し）の略です。

一般的に使うことが多いものは、<h1>、<h2>、<h3>までです。
見出しのタグは6種類用意されているため、今回は6種類説明していますが、最初はよく使う3つだけを覚えるようにしておきましょう。

見出しを指定するときの注意点

見出しの指定で注意しておくことがあります。それは、**普段使うことの多いマイクロソフト社のワードで文章を作ったときと操作が逆になる**ことです。

マイクロソフト社のワードの場合

- ▶ **文字を大きくしたいとき → 文字のポイント数を大きくする**
- ▶ **文字を小さくしたいとき → 文字のポイント数を小さくする**

ワードの場合、文字の大きさを変えたいイメージと、実際に文字の大きさを指定するポイント数の増減が一致しているので、直感的に扱うことができます（数字が増える＝文字が大きくなる）。

第3章 テキストや画像を入れて「ページの骨組み」を作ろう！

ＨＴＭＬの場合

▶ **文字を大きくしたいとき → タグの数値を下げる**

（h2よりh1のほうが文字サイズが大きい）

▶ **文字を小さくしたいとき → タグの数値を上げる**

（h2よりh3のほうが文字サイズが小さい）

では、次の指定方法で違いを確認してみてください。

Let's Try 「見出し」を設定しよう

下のコードを書いて、ブラウザで確認してみましょう。

見出しのHTML

```
<!DOCTYPE html>
<html lang="ja">
<head>
<meta charset="UTF-8">
<title>ヨガスタジオOPEN</title>
</head>
<body>
<h1>ヨガスタジオ近日オープン！（h1の場合）</h1>
<h2>ヨガスタジオ近日オープン！（h2の場合）</h2>
<h3>ヨガスタジオ近日オープン！（h3の場合）</h3>
<h4>ヨガスタジオ近日オープン！（h4の場合）</h4>
<h5>ヨガスタジオ近日オープン！（h5の場合）</h5>
<h6>ヨガスタジオ近日オープン！（h6の場合）</h6>
ヨガスタジオ近日オープン！（見出し無しの場合）
</body>
</html>
```

ブラウザで表示された結果

ヨガスタジオ近日オープン！（h1の場合）

ヨガスタジオ近日オープン！（h2の場合）

ヨガスタジオ近日オープン！（h3の場合）

ヨガスタジオ近日オープン！（h4の場合）

ヨガスタジオ近日オープン！（h5の場合）

ヨガスタジオ近日オープン！（h6の場合）

ヨガスタジオ近日オープン！（見出し無しの場合）

同じ文字を元にして、それぞれの見出しを付けることで見た目の違いがはっきりとわかるでしょう。

Memo ビジネスーンで使える「見出し」の考え方

見出しの考え方は普段のビジネスシーンでも活用することができます。仕事で文書を作成する場合、わかりやすい文書と何度読み返しても頭に入ってこない文書に出会うことがあります。

このような2つの文書の違いは、見出しを上手に使っているかどうかに関係していることが多いものです。というのも、ビジネス文書もランディングページも同じですが、**見出しだけを拾い読みすれば文書全体の内容がおぼろげにわかることが大切なのです。**

もし、ビジネスシーンで提案書や企画書などを作ることがある場合、文書全体を書く前に見出しだけを書き出してみて、全体の内容がイメージできるかどうかを確認してみましょう。

そして、イメージできる見出しの流れが完成してから、見出しごとに内容を書き進めていくことで、話が脱線せず、ゴールへ向けて進めます。その結果、ビジネスシーンで期待される「論理的でわかりやすい文書」が完成します。

7日目 2/5 「段落」と「改行」を指定しよう

文章を書くうえで、段落と改行はとても大切。HTMLでは、それぞれのタグの指定は<p>、
で行うよ！

段落とは

　文章は、いくつかの話によってできあがっています。それぞれの話がダラダラと続いているだけでは、文章にリズムがありません。目で追うこともつらくなり、最後まで読もうとは思いません。この状態を解決するのが「段落」です。段落は文章全体をいくつかのまとまりに分割します。

段落を示すタグ

<p>〜</p>

改行とは

　一つの文章が長いと目で追うのがつらいもの。そこで適切な部分で次の行の先頭へ目を戻すのが改行です。

改行を示すタグ

※
に終了タグは必要ありません。

Let's Try 「段落と改行」を指定しよう

下のコードを書いて、ブラウザで確認してみましょう。

段落と改行のHTML

```
<!DOCTYPE html>
<html lang="ja">
<head>
  <meta charset="UTF-8">
  <title>ヨガスタジオOPEN</title>
</head>
<body>
<p>肩こりがなくなりました(30代)<br>15kgのダイエットに成功(40代)<br>
前向きな気持ちになれました。(30代)</p>
<p>ぽっこりお腹に<br>美肌に<br>肩こりや冷えむくみに</p>
</body>
</html>
```

ブラウザで表示された結果

肩こりがなくなりました(30代)
15kgのダイエットに成功(40代)
前向きな気持ちになれました。(30代)

ぽっこりお腹に
美肌に
肩こりや冷えむくみに

改行は「少し多いかな」くらいで

改行は、見る環境によって受ける印象が変わります。例えば、デスクトップ型のパソコンの場合だと、画面が広いので少しくらい横に長い文章が続いても不自由なく読むことができます。しかし、見る環境が変わりスマホになった場合、画面が小さくて横幅がありません。

ランディングページやブログなど、スマホで見られることが多いと予想される場合には、改行を「少し多いかな」と感じるくらいに使いましょう。

第3章 テキストや画像を入れて「ページの骨組み」を作ろう！

7日目 3/5 他の文章や情報からの「抜粋・引用」を指定する

Webの記事を読んでいると、途中で抜粋・引用が入って、「なるほどー」って思うことがあるよね。これらは<blockquote>、<q>で書くよ!

抜粋や引用を入れる理由

　自分が調べて表現した文章以外に、文章の信憑性を高めるための証拠として、第三者の研究結果や評価を掲載することがランディングページには必要となります。いくら「日本で一番」と言われても証拠がないと信頼できませんよね。信頼してもらうために抜粋や引用は大切です。

抜粋と引用には2つの表現方法がある

　抜粋と引用には、次の2つの表現方法があります。

1 文章の一部分をそっくりそのまま使用する。

　例)お客さまの声:
　仕事中も我慢できなかった肩こりがなくなりました。おまけに姿勢まで整ったので-5歳の年齢に間違われることもあります!

2 文章の一部を自分の文章の中に取り入れる。

　例)先日いただいたお客さまの声によりますと「-5歳の年齢に間違われることもある」というお話です。

抜粋・引用を示すタグ

<blockquote>〜</blockquote>
→ 前ページ **1** での使い方（ブロッククォートと読みます）

<q>〜</q>
→ 前ページ **2** での使い方

Let's Try 「抜粋と引用」を指定しよう

下のコードを書いて、ブラウザで確認してみましょう。

抜粋・引用のHTML

```html
<!DOCTYPE html>
<html lang="ja">
<head>
  <meta charset="UTF-8">
  <title>ヨガスタジオOPEN</title>
</head>
<body>
<p>お客さまの声：<blockquote>仕事中もがまん出来なかった肩こりがなくなりました。
おまけに姿勢まで整ったので-5歳の年齢に間違われることもあります！</blockquote></p>
<p>hibi-yogaスタジオが先日いただいたお客さまの声によりますと
<q>-5歳の年齢に間違われることもある</q>というお話です。</p>
</body>
</html>
```

ブラウザで表示された結果

お客さまの声：

仕事中もがまん出来なかった肩こりがなくなりました。 おまけに姿勢まで整ったので-5歳の年齢に間違われることもあります！

hibi-yogaスタジオが先日いただいたお客さまの声によりますと 「-5歳の年齢に間違われることもある」 というお話です。

第3章 テキストや画像を入れて「ページの骨組み」を作ろう！

7日目 4/5 「文字のサイズ」と「強調」を指定する

読みやすいテキストは、文字の大きさを変えたり太字にして強調したりするもの。これらは<big>、<small>、<strong>で指定できるよ！

文字のサイズ変更と強調とは

　まわりの文章の文字よりも一段階大きくする、一段階太くする。こうすることで、会話に例えると少し声が大きく、熱の入った言葉が届いているように感じられます。反対に、重要度の低い単語は、小さな声で届けるようにすると文章がスッキリとします。

文字のサイズと強調を示すタグ

<big>〜</big>
→　文字サイズを一段階大きくします

<small>〜</small>
→　文字サイズを一段階小さくします

<strong>〜</strong>
→　文字を一段階太くし強調します

Let's Try 「文字のサイズと強調」を指定しよう

第3章 テキストや画像を入れて「ページの骨組み」を作ろう！

下のコードを書いて、ブラウザで確認してみましょう。

文字のサイズと強調のHTML

```
<!DOCTYPE html>
<html lang="ja">
<head>
  <meta charset="UTF-8">
  <title>ヨガスタジオOPEN</title>
</head>
<body>
<p>ヨガを始めると<big>体質が変わった</big>という声が･･･</p>
<p><strong>肩こり</strong>がなくなり姿勢もすっきり!</p>
<p><small>&copy; hibi-yoga-studio.</small></p>
</body>
</html>
```

ブラウザで表示された結果

ヨガを始めると体質が変わったという声が･･･

肩こりがなくなり姿勢もすっきり!

© hibi-yoga-studio.

「体質が変わった」が少し大きく、「肩こり」が強調され、「hibi-yoga-studio.」が小さくなったら成功です。

7日目 5/5 「箇条書き」で読みやすく指定する

文章には「・」や(1)で区切ることで視認性を上げる工夫がよく用いられます。これらは<ul>、<ol>、<li>で指定できるよ!

箇条書きは、短い文章で読みやすく表現する方法として必要です。箇条書きには大きく分けて2つの種類があります。

① 「・(中黒)」で表示する方法

例) ・ヨガマット
　　・ヨガウェア
　　・ヨガブロック

② 「数字」で表示する方法

例) 1.ヨガマット
　　2.ヨガウェア
　　3.ヨガブロック

箇条書きを示すタグ

<ul>～</ul>
→「・」で表示する

<ol>～</ol>
→「数字」で表示する

<li>〜</li>
→箇条書きの項目を表示する

箇条書きを示すタグのポイントは、2つのタグで構成されるところです。<ul>または<ol>のどちらかを選び、選んだタグの中に<li>が入ることで箇条書きが完成します。

Let's Try 「箇条書き」を指定しよう

下のコードを書いて、ブラウザで確認してみましょう。

箇条書きのHTML

```html
<!DOCTYPE html>
<html lang="ja">
<head>
  <meta charset="UTF-8">
  <title>ヨガスタジオOPEN</title>
</head>
<body>
<ul>
  <li>ヨガマット</li><li>ヨガウェア</li><li>ヨガブロック</li>
</ul>
<ol>
  <li>ヨガマット</li><li>ヨガウェア</li><li>ヨガブロック</li>
</ol>
</body>
</html>
```

ブラウザで表示された結果

- ヨガマット
- ヨガウェア
- ヨガブロック

1. ヨガマット
2. ヨガウェア
3. ヨガブロック

7日目のまとめ

- ☐ 見出しは伝えたい強さによって選ぶ
- ☐ 段落と改行で読みやすさは変化する
- ☐ 引用を上手に使うと信頼性がアップする
- ☐ 箇条書きはビジネス文書にも使いたいポイント

第3章 テキストや画像を入れて「ページの骨組み」を作ろう！

8日目 1/1 【課題3】ヨガスタジオのネット広告作成

3回目の課題です！ わからないことがあったら、「ヒント」を参照したり、これまで学んだページを見直そう！

課題の内容

P76で作成した【課題2】のyoga-studio-lp.htmlに対して、以下の課題を追加していき、ネット広告の本文を作成してみましょう。

STEP1 タイトルを見出し重要度最高に指定しよう

1 `<h1>ヨガスタジオ○月○日(日)OPEN！　月額2,500円</h1>`

STEP2 段落を指定しよう

2 `<p>`事実、30代以上の方が、ヨガをはじめています。
3 体質が変わった会員様の声
4 肩こりがなくなりました(30代)最近ぎっくり腰になりません!(40代)`</p>`
5 `<p>`期待できる効果!
6 ぽっこりお腹に`</p>`

STEP3 重要度を指定して見出しにしよう

7 `<h2>`事実、30代以上の方が、ヨガをはじめています。`</h2>`

```
8    <h3>体質が変わった会員様の声</h3>
9    <h3>期待できる効果!</h3>
```

STEP4 お客様の声を引用に、声の間に改行を入れる

```
10   <blockquote><h3>体質が変わった会員様の声</h3>
11   肩こりがなくなりました(30代)<br>最近ぎっくり腰になりません!(40代)
     </blockquote>
```

STEP5 気になる単語を大きく強調する

```
12   ぽっこり<big><strong>お腹</strong></big>に
```

STEP6 フッターをすっきり小さく

```
13   <small>&copy;2019 hibi-yoga-studio.</small>
```

STEP7 3つのヨガ効果を箇条書きで紹介

```
14   <p>他にも3つのヨガ効果!</p>
15   <p><ul>
16    <li>気持ちリセット</li>
17    <li>体幹ほぐし</li>
18    <li>デトックス</li>
19   </ul></p>
```

ここまでできれば保存します。

保存したファイル「yoga-studio-lp.html」をエクスプローラー(Macの場合はFinder)で保存場所から見つけます。見つかりましたらファイルをダブルクリック。そうすると、ブラウザに以下の内容が表示されます。

答え合わせ

ヨガスタジオ◯月◯日(日)OPEN!　月額2,500円

事実、30代以上の方が、ヨガをはじめています。

体質が変わった会員様の声

肩こりがなくなりました(30代)
最近ぎっくり腰になりません!(40代)

期待できる効果!

ぽっこり**お腹**に

他にも3つのヨガ効果！

- 気持ちリセット
- 体幹ほぐし
- デトックス

©2019 hibi-yoga-studio.

ヒント:

紙面の都合上、インデントを付けていない部分があります。ご自身で入力された内容にはインデントを付けて習慣化しておきましょう。

8日目のまとめ

- ☐ 見出しの使い方で伝わり方が変わる
- ☐ 段落と改行の違いを覚えておこう
- ☐ 箇条書きは普段の仕事の文書でも活用できる

課題3の正解コード

P79【課題2】の正解コードの<header>～</header>内が以下のように
なっていれば正解です。

```
1    <h1>ヨガスタジオ○月○日(日)OPEN!　月額2,500円</h1>
```

P79【課題2】の正解コードの<main>～</main>内が以下のようになっ
ていれば正解です。

```
2    <main>
3      <p><h2>事実、30代以上の方が、ヨガをはじめています。</h2>
4      <blockquote><h3>体質が変わった会員様の声</h3>
5      肩こりがなくなりました(30代)<br>最近ぎっくり腰になりません!(40代)</
blockquote></p>
6      <p><h3>期待できる効果!</h3>
7      ぽっこり<big><strong>お腹</strong></big>に</p>
8      <p>他にも3つのヨガ効果!</p>
9      <p><ul>
10       <li>気持ちリセット</li>
11       <li>体幹ほぐし</li>
12       <li>デトックス</li>
13     </ul></p>
14   </main>
15   <footer>
16     <small>&copy;2019 hibi-yoga-studio.</small>
17   </footer>
```

9日目 1/4 「画像」を指定する

Webページでは、文字だけではなく「画像」も入れるとビジュアルが良くなる！「画像の挿入」は<img>で指定できるよ！

ランディングページは、文字だけで構成されていると見栄えが悪いため、「イメージが目に飛び込んでくる仕掛け」として画像を入れる必要があります。

画像を指定するうえで知っておくこと

画像を指定するとき、「どこに置いてある画像なのか」をブラウザに教える必要があります。これは"お気に入りのカフェ"を人に教えるのと似ています。

▶ **絶対パス：カフェの住所を正確に伝えます。**
▶ **相対パス：カフェを今いる所から見た道順で伝えます。**

上のような階層にあるyoga-woman.jpgの場所をyogalpを起点に伝えると

▶ **絶対パス**：/yogalp/images/yoga-woman.jpg
▶ **相対パス**：images/yoga-woman.jpg

それぞれ、このような伝え方になります。**ランディングページを作るときには「相対パス」を使うことが多いです。**

画像の種類も知っておこう

ランディングページで使用する画像は概ね、3つの種類があります。

JPEG（ジェイペグ）：拡張子は「.jpg」「.jpeg」

JPEGとは、「Joint Photograph Experts Group」の略です。非可逆圧縮形式と呼ばれる方式で保存されています。デジタルカメラで撮影した写真などに適しています。

PNG（ピング）：拡張子は「.png」

PNGとは、「Portable Network Graphic」の略です。可逆圧縮形式と呼ばれる方式で保存されています。フルカラーや半透明などの表現が可能です。イラストや美しい風景画像などに使われることが多いです。

GIF（ジフ）：拡張子は「.gif」

GIFとは、「Graphics Interchange Format」の略です。可逆圧縮形式と呼ばれる方式で保存されています。256色以下で作られた画像です。ロゴなどに使われることがあります。

どれも画像ファイルです。拡張子で種類が判断できます。

画像を示すタグ

<img src="画像の場所とファイル名" alt="画像のひとこと説明">

Let's Try 「画像」を指定しよう

左下のコードを書いて、ブラウザで確認してみましょう。

なお、Let's Tryで使用する画像は【課題1】でダウンロードしたzipファイルを展開したときに作成された「proglp/yogalp/images」に「yoga-woman.jpg」という名前の画像ファイルが入っています。「ドキュメント/lptry/（Mac：書類/lptry）」の中にディレクトリ「images」を作成。その中へ画像ファイルをコピーします。

ヒント

- ディレクトリを思い出してください。
- 画像ファイルを移動ではなくコピーしてください。

画像を指定するHTML

```
<!DOCTYPE html>
<html lang="ja">
<head>
  <meta charset="UTF-8">
  <title>ヨガスタジオOPEN</title>
</head>
<body>
<img src="images/yoga-woman.jpg" alt="ヨガをはじめよう">
</body>
</html>
```

ブラウザで表示された結果

Memo 知っておくと便利な無料画像サイト

ランディングページには画像が入っています。そしてランディングページは、画像の雰囲気で成績が変わることも多いため、複数の画像を用意する必要が出てきます。

【無料画像サイトを紹介！】

画像には有料画像と無料画像があります。有料画像はランディングページの依頼者に用意してもらいます。ですので、もし私たちが使う場合は無料画像ということになります。

以下に無料画像サイトを紹介しますので、ぜひ参考にしてみてください。

▶ **ぱくたそ：https://www.pakutaso.com/**
ストーリーのある「おもしろ系」画像です。アフェリエイトなどで使われることが多いです。

▶ **写真AC：https://www.photo-ac.com/**
「きちんと系」画像です。女性向け商品で使われることが多いです。

▶ **pixabay：https://pixabay.com/ja/**
「ビジネス系」で使いやすい画像です。会議しているところとか、成績のグラフをイメージさせるとか、教材商品で使うことがあります。

Point 使用許諾や著作権についてはサイトの内容に従ってください。

9日目 2/4 ページ移動をする方法

Webページのテキストを見ていると、途中で少し目立った箇所があって、そこをクリックすると別のサイトに飛ぶことがあるよね。これは<a>で指定できるぞ！

ページを移動することが必要な理由

ランディングページは、何らかの商品やサービスへ申し込みをしてもらうことが目的です。

そのためには、申し込みする（または、購入する）ために用意された別のページへクリック一つで移動できる必要があります。

ページの移動には2種類ある

1 別のページへ移動する

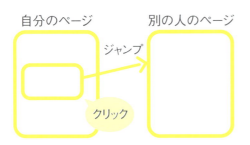

　　　　　Googleや Yahoo!で検索した結果をクリックしたとき、別のページに移動します。これを**「外部ページにリンクする」**といいます。表示されているページから別のページへクリック一つ、ボタン一つでジャンプします。

② 同じページ内で移動する

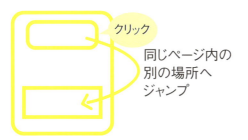

例えばページの最初に「お申し込みはこちらをクリック」と書かれたボタンがあったとき、クリックすると、同じページの一番下へ移動することがあります（ネット通販で多いかたちです）。これを**「ページ内リンク」**といいます。

移動先は細心の注意が必要

ランディングページを作るとき、どこのページへジャンプするのかは大変重要です。というのも、ジャンプ先が間違っていると

▶ **存在しないページへジャンプするとエラーになり混乱する**
▶ **別の商品やサービスを紹介してしまうので混乱が起きる**
▶ **アフェリエイトの場合、報酬が入ってこない**

などの恐れがあるからです。

ランディングページの特性上、ページ移動した結果にはお金が絡むことがほとんどです。**ページの移動先は、あなたにランディングページの作成を依頼した人から正しく伝えてもらい、必ず2度3度チェックして間違えないようしましょう。**
※メールで移動先ページのアドレス（URL）を伝えてもらうと、聞き間違いや勘違いがなくなり、トラブルになりにくいので安心です。

ページ移動を示すタグ

<a href="移動先のURL　または　ジャンプ先">〜</a>

※「a」は「anchor」（アンカー）の略です。意味は「錨」。指定した場所同士をつなぎ止める「錨」のイメージです。

<a>のことを **「リンクを張る」** という言葉で伝えることが多いです。「○○にリンクを張ってください」と言われた場合は「<a>を使うんだな」と思ってください。

Let's Try 「ページ移動」を指定してみよう!

1 外部へのページ移動

左のコードを書いて、ブラウザで確認してみましょう。

ページ移動のHTML

```
<!DOCTYPE html>
<html lang="ja">
<head>
  <meta charset="UTF-8">
  <title>ヨガスタジオOPEN</title>
</head>
<body>
<a href="https://www.google.co.jp">Googleへジャンプ</a>
</body>
</html>
```

ブラウザで表示された結果

Googleへジャンプ

ブラウザに表示された「Googleへジャンプ」をクリックして、きちんとGoogleのトップページにジャンプしたら正解です。

なお、ページ移動するとき、自分のページは表示したまま、移動先の内容を新しいページ（またはタブ）に表示したいときがあります。

そんなときは「target」属性を追加指定します。

<a target="_blank" href="移動先のURL またはジャンプ先">〜</a>

※「_blank」の頭の文字はアンダースコアです。「_blank」をtargetに指定するだけで、新しいウィンドウ（またはタブ）に表示されます。

② ページ内部への移動

<a>の方では「#」に続けて飛びたい先に指定した「id」の名前を入力します。**「id」に指定する名前は、半角英語のわかりやすい単語にし、ページの中で重複しないように注意してください。**

ページ移動のHTML

```
<!DOCTYPE html>
<html lang="ja">
<head>
  <meta charset="UTF-8">
  <title>ヨガスタジオOPEN</title>
</head>
<body>
<a href="#sales">今すぐ購入する</a>
<p id="sales">今すぐ購入はこちら</p>
</body>
</html>
```

ブラウザで表示された結果

今すぐ購入する

今すぐ購入はこちら

ページ内リンク「今すぐ購入する」が表示されます。

クリックすると、「今すぐ購入はこちら」へ一気にジャンプします。このサンプルでは短いため効果はありませんが、縦に長くなると効果を発揮します。

9日目 3/4 デザイン表現に必須！「見栄えの領域」の指定

プログラミングならではの考え方だけど、「見栄えの領域」というものあるんだ！ これは<div>、<span>で指定できるよ！

　文字の大きさや色、画像の大きさなどに変化がないと、非常に退屈な読みものになってしまいます。**ランディングページは最後まで読んでもらう必要がありますので、退屈しないために工夫しなければなりません。**

見栄え（デザイン）の領域とは

　P84でお話ししたとおり、文章には「段落」というまとまりがあります。
　これと同じように、デザインにも影響を与えるまとまりを表す領域が存在します。あちこちバラバラの文字の色や、バラバラの大きさの画像が点在していると、パッと見たとき「素人っぽく」見えるもの。この状態を解決するのが見栄えの領域です。**見栄えの領域は、デザインで統一感を出したい文章や画像を"ひとつのまとまり"としてグループ化します。**

見栄えの領域を示すタグ

<div>〜</div>

※「div」は「division（境界）」という意味です。

<span>〜</span>

divやspanタグそのものには、ブラウザで表示したときに何か変化が起こるような意味はありません。

divとspanの違いは、divの前後には改行が入って表示されますが、spanの前後には改行が入りません。 あくまでも次の章でお話するデザインを指定するときに使うものだと、ここでは覚えておいてください。

Let's Try 「見栄えの領域」を指定してみよう!

「肩こり〜」と「ぽっこりお腹に〜」、の<p>タグを<div>〜</div>で囲むと、一つのまとまりにすることができます。<p>タグで囲んだ中の一部だけをデザインで調整したい場合は〜で囲み、一つのかたまりにします。ただ、まだデザインしていないので目で見た変化は感じられません。第4章で効果を実感することになります。

divとspanを使った領域のHTML

```
<!DOCTYPE html>
<html lang="ja">
<head>
  <meta charset="UTF-8">
  <title>ヨガスタジオOPEN</title>
</head>
<body>
<div><p>肩こりがなくなりました(30代)
<br>15kgのダイエットに成功(40代)
<br>前向きな気持ちになれました。(30代)
</p>
<p>ぽっこりお腹に<br>美肌に<br>
肩こりや冷えむくみに</p></div>
<p>事実、<span>30代以上の女性</span>
が、ヨガをはじめています。</p>
</body>
</html>
```

ブラウザで表示された結果

肩こりがなくなりました(30代)
15kgのダイエットに成功(40代)
前向きな気持ちになれました。(30代)

ぽっこりお腹に
美肌に
肩こりや冷えむくみに

事実、30代以上の女性が、ヨガをはじめています。

9日目 4/4 プログラムを動かす「ボタン」を指定する

よく会員登録などをする際に、「送信」というボタンがあるよね。これは<input>で指定できるよ!

ボタンが必要な理由

ランディングページでは、「文章」や「画像」、そして後述する「動画」を見せることがあります。

そして、これらのほか、ランディングページの中で計算をし、結果をすぐに見せるような動きが必要になる場面があります。

ボタンとは

ボタンにはいくつかの種類がありますが、ここでお話するのは**「汎用ボタン」**と呼ばれるもの。ブラウザに表示されたボタンをクリックすることで、独自にプログラミングした内容を実行させることができます。

ボタンだけが存在しても何も動きはありませんが、第5章で学習する「JavaScript」を使ってプログラミングすることで、紙のチラシでは実現できないような動きを取り入れることができます。

ボタンを示すタグ

```
<input type="button" value="表示される文字" onclick=動き>
```

Let's Try 「ボタン」を指定してみよう!

左のコードを書いて、ブラウザで確認してみましょう。

ボタンのHTML

```html
<!DOCTYPE html>
<html lang="ja">
<head>
  <meta charset="UTF-8">
  <title>ヨガスタジオOPEN</title>
</head>
<body>
<p>あなたの肥満度を診断しよう<br>
<input type="button" value="BMIを計算する">
</p>
</body>
</html>
```

ブラウザで表示された結果

あなたの肥満度を診断しよう
[BMIを計算する]

文章とボタンが表示されます。ブラウザによってボタンの見栄えが変わる場合があります。

※ここではまだ、第5章で学習する「JavaScript」を使っていないのでボタンをクリックしても何も起こりません。

今後JavaScriptに触れることでボタンがより理解できます。さらに表示されるだけではなく動きが追加されると、プログラミングという新しい世界へ一歩を踏み出すことになるでしょう。

9日目のまとめ

- ☐ 画像の表示で雰囲気が変わることを覚えよう
- ☐ リンクを張る方法は必ず使うので重要
- ☐ 第4章で効果を実感する見栄えの領域は頭の片隅に置いておく

第3章 テキストや画像を入れて「ページの骨組み」を作ろう!

10日目 1/1 【課題4】 ヨガスタジオのネット広告作成

4回目の課題です！ わからないことがあったら、「ヒント」を参照したり、これまで学んだページを見直そう！

課題の内容

　P92で作成した【課題3】の内容に対して、以下の入力をしていき、ヨガスタジオのオープンに使うネット広告をグレードアップしてみましょう。
　【課題3】で保存したファイル「yoga-studio-lp.html」をエクスプローラー(Macの場合はFinder)で保存場所から見つけ、テキストエディタで開いて課題の準備をします。

STEP1 画像を入れてイメージアップ

　<header>で囲まれた中にある、<h1>を指定したタイトル見出しの下にヨガ画像を挿入しましょう。

素材

　ヨガ画像は【課題1】で準備した「proglp/yogalp/images」フォルダにある「yoga-woman.jpg」ファイルを「ドキュメント/yogalp/images」へコピーしてください（Mac：書類/yogalp/images）。

```
<img src="images/yoga-woman.jpg" alt="ヨガスタジオOPEN">
```

ヒント

<img>タグには終了を示す</img>は必要ないことに注意！

STEP2 リンクを張って画面下へジャンプ

ヨガ画像の下に画面下へ一気にジャンプできるリンクを張ります。一緒に段落をつけておきましょう。

```
<p><a href="#cta">今すぐ申し込む</a></p>
```

また、忘れずに移動先を<main>の終了タグ手前に指定しましょう。

```
<p id="cta">お申し込みはこちらから</p>
```

STEP3 リンクを張って外部へジャンプ

「お申し込みはこちらから」にリンクを張り、新しいページ（タブ）にGoogleへジャンプするよう指定しましょう。

```
<a target="_blank" href="https://www.google.co.jp">お申し込みはこちら
から</a>
```

※実際のランディングページでは、Googleへジャンプするのではなく、クライアントから指定されたページ（URL）へジャンプさせます。今回はサンプルとして誰でも使えるGoogleへジャンプするようにしています。

ここまでできれば保存します。保存したファイル「yoga-studio-lp.html」

をエクスプローラー(Macの場合はFinder)で保存場所から見つけます。ひとつ前の課題と同じようにブラウザで表示します。

答え合わせ

　下図と同じように表示されない場合は、右ページのコード見本を落ち着いて確認しましょう。

課題4の正解コード

P95【課題3】の正解コードの<h1>の下に次のコードを追加

```
1  <img src="images/yoga-woman.jpg" alt="ヨガスタジオOPEN">
2  <p><a href="#cta">今すぐ申し込む</a></p>
```

P95【課題3】正解コードの</main>の上に次のコードを追加

```
3  <p id="cta"><a target="_blank" href="https://www.google.co.jp">
   お申し込みはこちらから</a></p>
```

10日目のまとめテスト

【問題】
(1)ランディングページの役割は何ですか？
(2)ウェブを正確に言うと？
(3)ランディングページに必要な3つの役割とは？
(4)HTMLとは、〇〇の役割を指定する世界共通言語である
(5)HTMLの目印を〇〇と呼びます
(6)HTMLの基本構造は、〇〇と〇〇という2つでできています
(7)入力したコードを見やすくするためには〇〇を使うといい
(8)伝わり方が変わる見出しは<h1>から〇〇まである
(9)画像を表示したい場合に使うHTMLは？
(10)インターネットの特徴であるリンクとはどういうものでしょうか？

【答え】
(1)ネット上のチラシ、(2)ワールド・ワイド・ウェブ、(3)HTML、CSS、JavaScript、(4)文章、(5)タグ、(6)headとbody、(7)インデント、(8)<h6>、(9)<img>、(10)ページ(外部や内部)を移動できる

第3章 テキストや画像を入れて「ページの骨組み」を作ろう！

11日目 1/6 HTMLで学ぶ24個の「タグ一覧」（後編）

HTMLを学ぶうえで、これだけは押さえてほしいという基本的なタグの概要を紹介するよ！ ここまでで19個学んだから、あと5個！ 頑張って覚えよう！

　これから学ぶ実践的なタグの概要を説明します。詳細は次ページから解説するので、今の段階では「こういうものがあるんだ」と見てみてください。

画像や動画を指定する

- ▶ `<figure>`：画像の領域を指定する
- ▶ `<figcaption>`：画像の説明を指定する
- ▶ `<iframe>`：YouTube動画など外部の情報を埋め込む
- ▶ `<video>`：HTML5の新機能で動画を埋め込む
- ▶ `<audio>`：HTML5の新機能で音声情報を埋め込む

　ランディングページを作っていくうえで、画像へ注目させ必要な情報を与えたり、動画によって多くの情報を伝えたりすることが必要とされます。

　では、より実践的なHTMLタグをここから学習していきましょう！

Memo 画像やイラスト、動画を使う際の注意点

　これから学習を進めていく部分には、外部の情報（YouTube動画など）を取り込んで使う方法を学んでいきます。また、動画ファイルや音声ファイルを使うことで、簡単に再生する方法も学んでいきます。

　こういった使い方はインターネット上でできる大変便利なことなのですが、簡単にできるために動画や音声、画像などを作った人が持つ権利を無視する人がいます。

　画像やイラスト、動画や音声などには「著作権」または「登録商標」を持った素材がありますので、クライアントから受け取った素材は、著作権や登録商標の問題をクリアしているのか確認しておきましょう。
　また、今後あなた自身が画像や動画、音声などを選んで使う場面が出てきたときには、次のような確認を行い、著作権や登録商標を侵害しないように注意してください。

▶ **素材には著作権の制限があるのかを確認する**
▶ **登録商標なのかを確認する**

　著作権の制限があったり、登録商標であったりした場合には、必ず権利を持っている人（多くの場合は作者または会社やお店）へ利用してもいいかを確認しておきましょう。権利や商標がわからない場合は、掲載されているところへ問い合わせる配慮が必要です。
　インターネットの世界では、簡単にコピペすることで複製を使うことができます。「できるからやる」というのは間違いです。気をつけましょう。

11日目 2/6 意味のある「画像」と「キャプション」の指定

画像の下に小さい文字で説明が入っている部分を「キャプション」と呼ぶんだ。これは<figure>、<figcaption>で指定できるよ！

意味のある画像を指定する理由

ランディングページの画像には2つのタイプがあります。
1つは**「意味のある画像」**、もう1つが**「見栄えのための画像」**です。
　意味のある画像は、ランディングページで紹介する商品やサービスの写真であったり、効果や実績を示す図であったりします。文章だけではなく意味のある画像を使うことで、簡単に視覚から情報を取り入れられるようにする必要があります。
　見栄えのための画像とは、「罫線」「アイコン」など「見た目」「装飾」のためのものです。

キャプションの必要性とは

　意味のある画像の下には、少し小さな字で写真や図の説明を入れます。これを**「キャプション」**と呼びます。
　不思議なことですが、写真や図の下に説明文を書くと人はなぜか読んでしまうものです。見られるところへ効果的な文章を入れることはランディングページには重要なのです。

意味のある画像とキャプションを示すタグ

`<figure>`〜`</figure>`
→意味のある画像

`<figcaption>`〜`</figcaption>`
→キャプション

※`<figure>`タグで画像とキャプションを1つのグループにします。

Let's Try 「意味のある画像とキャプション」を指定しよう

以下のHTMLを参考にコードを書いて、ブラウザ上で確認してみましょう。

意味のある画像とキャプションのHTML

```html
<!DOCTYPE html>
<html lang="ja">
<head>
  <meta charset="UTF-8">
  <title>ヨガスタジオOPEN</title>
</head>
<body>
  <figure>
    <img src="images/yoga-woman.jpg" alt="ヨガをはじめよう">
    <figcaption>ヨガをすると体が整います</figcaption>
  </figure>
</body>
</html>
```

ブラウザで表示された結果

↓ 拡大すると、このように表示されています。

ヨガ画像の下にキャプションが表示されたら成功です。

11日目 3/6 「別の情報の埋め込み」を指定する

Webページ内には、画像だけでなく「YouTubeの動画」や「Gooleマップ」を埋め込むことがあるぞ。これは<iframe>で指定できる！

別の情報の埋め込みが必要な理由

ランディングページを含むWebで使われるページの特徴として、「別のページにある情報を埋め込む」という機能があります。例えば、動画や地図情報を埋め込むことで、読んでいる人へインパクトを与えることができるのです。

情報の埋め込みとは

具体的な使い方としては、次の2つがわかりやすいでしょう。

▶ **YouTubeの動画をランディングページへ埋め込み再生する**
→インタビューやお客さまの声に使うことが多いです。

▶ **Googleマップをランディングページへ埋め込んで表示する**
→会社の所在地や商品の産地、製造場所などを示すときに使えます。

この他にも、カレンダーやSNSの新着情報をランディングページ内に表示させることにも使えます。

情報の埋め込みを示すタグ

`<iframe src="外部の情報の場所とファイル名">〜</iframe>`

iframeには、どこの情報を埋め込むかを指定するために**「src」属性**が用意されています。画像の解説（P98）でも同じ属性が出てきましたので関連づけて覚えておきたいですね。

Point
iframeの「i」は「inline（インライン）」の略。ページの中に外部の情報を表示する額縁（フレーム）を用意したイメージです。

Let's Try 「別の情報の埋め込み」を指定しよう

ここではYouTube動画の埋め込みを指定してみます。
P98のコード内8行目（`<img>`の部分）を以下に差し替えて、ブラウザで確認してみましょう。

▶ 情報の埋め込みHTML

```
<iframe src="https://www.youtube.com/embed/N4k2SKL0vvM"></iframe>
```

ブラウザで表示された結果（動画協力：ライフアップアカデミー〈https://lifeup-style.net〉）

11日目 4/6 「動画」を指定する

前項では動画の例としてYouTubeを紹介したけど、それ以外に動画を埋め込む方法もあるんだ。これは<video>で指定できるよ！

　ランディングページで動画が必要になるとき、大半はYouTubeから共有して埋め込みます。しかし中には自前の動画を埋め込む場合もあります。そんなときにはHTMLの最新バージョンであるHTML5で追加された動画再生機能を使うと便利です。

動画再生機能のポイント

　この機能は各社ブラウザ間で、サポートされている動画規格が統一されていません。これは特許が関係する問題なので、完全に解決されるまで時間がかかるでしょう。現在のブラウザのサポート状況から考えると、「mp4」や「webm」と呼ばれる形式の動画を用意してもらうのがおすすめです。

動画再生を示すタグ

<video>〜</video>

なお、属性には以下の機能を指定するものがあります。

- ▶ src   → 再生したい動画の場所とファイル名を指定する
- ▶ controls → 再生や一時停止などの操作パネルを表示する
- ▶ poster   → 動画のヒントとなる静止画を表示する

Let's Try 「動画」を指定してみよう!

　下図を参考にコードを書いて、ブラウザ上で確認してみましょう。
　P98のコード内8行目を以下に差し替えてください。
　<video>の内側に、動画を再生できないブラウザのためにメッセージも用意しておきます。動画とポスター画像は「proglp/letstry/3章/media」にある「Animal-16230.mp4」「Animal-16230.png」を「lptry/media」へ複写して利用しましょう。

```
1  <h2>猫のようにリラックス!</h2>
2  <video src="media/Animal-16230.mp4" controls poster="media/Animal-16230.png"><p>ご使用のブラウザはvideoタグに対応していません。videoタグをサポートしたブラウザをご利用ください。</p></video>
```

※lptryの中にmediaディレクトリを作る方法は、画像でimagesを作ったのと同じです。P98またはP45を参考に思い出してください。

ブラウザで表示された結果

第3章　テキストや画像を入れて「ページの骨組み」を作ろう!

11日目 5/6 「音声」を指定する

YouTubeや動画ファイルだけじゃなく、クリックすると音楽が流れる工夫もあるんです。これは<audio>で指定できるよ!

　ランディングページでは音声の再生が必要になるときもあります。その場合はHTMLの最新バージョンであるHTML5で追加された音声再生機能を使うと便利です。

音声再生機能のポイント

　この機能は各社ブラウザ間で、サポートされている音声規格が統一されていません。これは特許が関係する問題なので、完全に解決されるまで時間がかかるでしょう。
　現在のブラウザのサポート状況から考えると「mp3」や「ogg」と呼ばれる形式の音声を用意してもらうのがおすすめです。

音声再生を示すタグ

<audio>〜</audio>

なお、属性には以下の機能を指定するものがあります。

- ▶ src　　→　再生したい音声の場所とファイル名を指定する
- ▶ controls　→　再生や一時停止などの操作パネルを表示する

Let's Try 「音声」を指定してみよう!

　P98のコード内8行目（<img>の部分）を以下に差し替えて、ブラウザで確認してみましょう。

　<audio>の内側に、音声を再生できないブラウザのためにメッセージも用意しておきます。音源は「proglp/letstry/3章/media」にある「Some_Day.mp3」を「lptry/media」へ複写して利用しましょう。

1. `<h2>音楽に合わせてリラックス!</h2>`
2. `<audio src="media/Some_Day.mp3" controls><p>ご使用のブラウザはaudioタグに対応していません。audioタグをサポートしたブラウザをご利用ください。</p></audio>`

ブラウザで表示された結果

Point
<video>と同じように、まだ使われることの少ないタグです。新しい知識として「あっ、そういえば何かあったな?」というくらいで記憶しておきましょう。

11日目 6/6 【課題5】 ヨガスタジオのネット広告作成

5回目の課題です！わからないことがあったら、「ヒント」を参照したり、これまで学んだページを見直そう！

> 課題の内容

　P108で作成した【課題4】の内容に対して、以下の入力をしていき、ヨガスタジオのネット広告に動画とキャプションを入れてみましょう。
【課題4】で保存したファイル「yoga-studio-lp.html」をエクスプローラー(Macの場合はFinder)で保存場所から見つけ、テキストエディタで開いて課題の準備をします。

STEP1 画像にキャプション入れる

【課題4】で挿入したヨガ画像にキャプションを追加して注目度を高めます。

```
1   <figure><img src="images/yoga-woman.jpg" alt="ヨガスタジオOPEN"><figcaption>ヨガで心と体のバランスを整えよう。</figcaption></figure>
```

STEP2 ヨガ動画を取り込む

「お申し込みはこちらから」を段落として囲っている<p id="cta">の前に動画を取り込みます。本課題ではヨガ動画を使っています。同じ動画を使わ

れる方は、YouTubeの検索に「太陽礼拝Aのポーズ ライフアップアカデミー」と入力してください。以下の動画を利用させてもらいます。

YouTube動画を取り込むときには便利な機能があります。

取り込みたい動画の下にある「共有」をクリックします。

すると共有窓が開きます。

リンクの共有から「埋め込む」を選ぶと、何と自動的に<iframe>で囲まれたHTMLコードが用意されています。

右下の「コピー」をクリックし、YouTubeが用意してくれたHTMLコードをコピーします。

<p id="cta">の直前にコピーしたHTMLコードを貼り付けます。ペースト（貼り付け）は、[ctrl]を押しながら[v]を押す（ctrl+V）で簡単にできます。

ヒント

実際のランディングページでは、クライアントから使いたい動画の指定があります。ご自身で選ぶときには、著作権違反などが起こらないか確認する必要があります。

ここまでできれば保存します。【課題4】と同じように保存したファイルを見つけます。そしてブラウザで表示しましょう。

答え合わせ

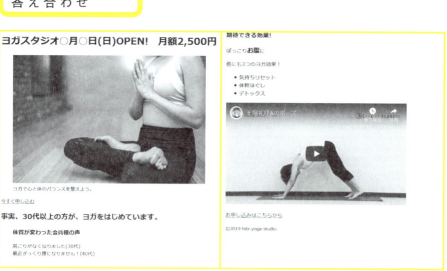

課題5の正解コード

P111【課題4】正解コードの<h1>の下にある<img>部分を次のコードの1〜4行目に入力しなおします。5〜6行目は【課題4】と同じですが、わかりやすいよう残しています。

```
1  <figure>
2    <img src="images/yoga-woman.jpg" alt="ヨガスタジオOPEN">
3    <figcaption>ヨガで心と体のバランスを整えよう。</figcaption>
4  </figure>
5  <p><a href="#cta">今すぐ申し込む</a></p>
6  </header>
```

P111【課題4】正解コードの<p id="cta">の上に次のコードを追加（YouTubeの共有からコピーしたコードです）。

```
1  <iframe width="560" height="315" src="https://www.youtube.com/embed/N4k2SKL0vvM?rel=0" frameborder="0" allow="accelerometer; autoplay; encrypted-media; gyroscope; picture-in-picture" allowfullscreen></iframe>
```

> **11日目のまとめ**
> - 画像にはキャプションを追加すると見てもらえる確率がアップする
> - iframeを使うことでYouTubeの動画など別の情報を取り込める
> - videoやaudioというHTML5から追加された機能がある

第3章 テキストや画像を入れて「ページの骨組み」を作ろう！

column

2

知っておくと大変便利な
無料ロゴ作成サイト

ロゴは印象を変える

　ランディングページやホームページにロゴがあると、カッチリとした印象ができて信頼感も増します。でも、ロゴをゼロから作るのはクリエイターでないと簡単ではありません。

　そこで、無料で使えるロゴ作成サイトを紹介します。

▶ **ロゴ及び画像ジェネレーター**：https://ja.cooltext.com/
▶ **STORES.jp|ロゴメーカー**：https://log-maker.stores.jp
▶ **flamingtext**：https://ja.flamingtext.com/

　他にも海外のロゴ作成サイト（英語が分かる方向け）を使うと、一味違ったものを作ることができます。「ロゴ　作成」でGoogleから検索すると出てきますので、著作権などの規約を読んだうえで使って見てください。

※使用許諾や著作権についてはサイトの内容に従ってください。

第 **4** 章

思わず
読んでしまうような
「デザイン」にしよう!

12日目 1/9 Webデザインの基礎言語「CSS」とは

ここからは、いよいよデザイン！ まずはWebのデザインを行う言語について理解しよう！

CSSの役割

第3章で学んできたHTMLは、「構造やテキスト」を指定する言語でした。これに対し、本章で解説する「CSS」は、Webサイト(ランディングページも含む)の**「デザイン」を指定する言語**です。

例えば、**背景色、余白、文字の書体・大きさ・色、画像の大きさ、行間の指定**などです。CSSを使うことで、鮮やかで見やすく、人の関心を引き寄せるWebサイトを作成することができます。

CSSは「Cascading Style Sheets(カスケーディング・スタイル・シート)」の略で**「シー・エス・エス」**または**「スタイルシート」**と呼ばれることが多いです。

CSSが必要な理由

インターネット黎明期の1996年にCSSは存在していましたが、その頃はまだ活躍することがありませんでした。
理由は、HTMLのなかにデザインを行うタグが存在していて、CSSでデザインを分離するという概念が浸透していなかったからです。

しかし現在では、**デザインをHTMLの構造から分離することで、HTMLを一切変更しなくてもデザインを簡単に変更できることが望まれています。**

わかりやすく説明しましょう。

パソコンの画面でインターネットのページを見たときと、スマホの画面で見たときをイメージしてください。同じページを見ていてもデザインが変化していると思います。

これはHTMLで文書の構造を変更しデザインを対応させるのではなく、分離されたデザイン部分であるCSSによってパソコン用、スマホ用とデザインを切り替えて見せている証拠です。

このように「文書の構造」と「見た目のデザイン」を分離することは、私たちが日常で使うデバイス（PC、スマホ、タブレットなどの電子機器）の種類が増えるほど、デザインだけを変える技術が重要視されていきます。

CSSにもバージョンがある

CSSの仕様には、HTMLと同様、バージョンがあります。2.1、2.2、3というように何度も改訂されたことで、新しい機能が増え、時代に合わなくなった機能を整理しています。

現在の最新版はCSS3です。これからもバージョンアップは繰り返され、デザインの幅は広がり続けることでしょう。

12日目 2/9 見た目を変える書き方

CSSの基本的な書き方を紹介するよ！ポイントは「どこの部分のデザインをどう変えるのか」を指定すること！

CSSで見た目を変える

デザインを指定するためには、以下のスタイルシートの基本文法に沿った書き方を行います。

セレクタ {プロパティ: 値;}

▶ **セレクタとは**……デザインを適用する対象（どの部分に）
▶ **プロパティとは**……デザインの機能（何を）
▶ **値とは**……デザインの結果（どうする）

CSSの書き方

例えば、HTMLの<p>タグで囲まれた部分の文字を太くする場合を考えてみましょう。

・HTML
```
<p>今日からはじめるヨガ1DAYレッスン!</p>
```

・CSS
```
p {font-weight: bold;}
```

このようにCSSを指定することで、HTMLの内容がブラウザに表示された

とき、<p>タグで囲まれた文字が太字に変化します。

今日からはじめるヨガ1DAYレッスン!

細かな指定もできる「セレクタ」

HTMLのタグ単位では細かくデザインできないことがあります。

例えば<p>タグで囲まれた部分が2箇所あり、どちらかの<p>タグだけを太字にしたい場合、<p>タグ単位で太字を指定すると、両方とも太字になってしまいます。そこでセレクタに**「クラス」**という属性を使って、細かく指定する方法があります。

クラスを使ったセレクタの例

・HTML

```
<p class="yoga1day">今日からはじめるヨガ1DAYレッスン!</p>
```

・CSS

```
p.yoga1day {font-weight: bold;}
```

<p>タグに指定されたクラス（class）属性に一致する部分だけデザインを変えたい場合は、CSSのセレクタの後ろに「.（ピリオド）」をつけ、続けてクラス属性の名前を指定します。

他にもセレクタの指定方法はありますが、ランディングページを作る場合なら、タグとクラスの指定方法を覚えておきましょう。

12日目 3/9 スタイルシートを書く場所

CSSを書く場所は大きく3つに分けられるよ！それぞれの特徴を見ていこう！

CSSを書く3つの場所

CSSを書く場所には3つあります。それぞれの特徴を知り、使い分けていきましょう。

❶ HTMLのタグに直接書く

タグには属性があります（→P59）。属性に「style」を指定することで、その部分だけが有効になるデザインを指定することができます。例えば、どうなるのかテストしたい場合に使えます。

例）\<p>タグで囲まれた文章を太字にする場合
`<p style="font-weight: bold;">ヨガスタジオOPEN!</p>`

❷ HTMLの\<head>～\</head>部分に書く

HTMLのなかでコンピュータに理解させる情報がある\<head>部分。ここに\<style>～\</style>タグを追加することでページごとに有効なデザインを指定することができます。デザインを他のページと共有しなくていい場合、ページが小さい場合に使えます。

例）<p>タグで囲まれた文章を太字にする場合

```
①    <!DOCTYPE html>
②    <html lang="ja">
③    <head>
④      <meta charset="UTF-8">
⑤      <title>ヨガスタジオOPEN</title>
⑥      <style>
⑦      p {font-weight: bold;}
⑧      </style>
⑨    </head>
⑩    <body>
⑪      <p>ヨガスタジオOPEN! </p>
⑫    </body>
⑬    </html>
```

3 外部ファイルに書く

　複数のHTMLページでCSSのデザイン情報を使い回したい場合、外部CSSファイルを読み込んで使うことが一般的です。また、HTMLとデザインを分離したいときにも使います。この方法が増えています。

　この場合、<head>内に<link>タグを入れて、指定のCSSファイルを読み込むよう設定する必要があります。

例）<p>タグで囲まれた文章を太字にする場合

上のコード内6〜8行目を以下に差し替えてください。

```
1    <link href="css/style.css" type="text/css" rel="stylesheet">
```

外部に置かれたCSSファイル：保存場所「css/style.css」

```
1    p {font-weight: bold;}
```

12日目 4/9 基本的な6個の デザインノウハウ

CSSを学ぶうえで、これだけは押さえてほしいという基本的なデザインノウハウを紹介するぞ！

文字と背景の基本的な装飾を指定する方法

これから学ぶ実践的なデザインノウハウの概要を説明します。詳細は次ページから解説するので、今の段階では「こういうものがあるんだ」と思ってみてください。

- ▶ font-family：文字の書体を指定する
- ▶ color：色を指定する
- ▶ font-weight：文字の太さを指定する
- ▶ font-size：文字の大きさを指定する
- ▶ text-align：表示位置を指定する
- ▶ background-color：背景色を指定する

これらは、ランディングページを作っていくうえで、最も使うことの多い装飾方法です。

なお、CSSを書く場所ですが、副業案件によって<head>〜</head>に書く場合、外部ファイルにする場合があります。どちらにも対応できるよう、本書では「Let's Try」は<head>〜</head>部分に、課題では外部ファイルに書く2つの方法を用意しています。

Memo 「欲しい」を喚起するデザイン順序

　ドラッグストアやスーパーなどで見かけることの多い、商品を宣伝する「POP」。あの小さな領域から「欲しい」を喚起するデザイン順序を学ぶことができます。まず、一般的なPOPのデザイン順序は、次のようになっていることがほとんどです。

```
          京都精華のイチゴ
─────────────────────────────

   地元農家で作った、甘くてみずみずしいイチゴです。


          1パック　498円
```

　しかし、お店にやってきたお客様の目的は何かというと、商品ではなく自分の欲求を満たしたいのが本音。ということは、デザインの一番目立つところに商品名を書いても……残念な結果になることが多いです。では、次のように変えてみましょう。

```
      これスゴっ!!甘くて大きい！
─────────────────────────────

   地元農家で作った、甘くてみずみずしいイチゴです。

          京都精華のイチゴ
          1パック 498円
```

　欲求を解決できることがわかるキャッチコピーからはじめると、「えっ!?」というように興味を持ってもらえます。スルーされるより、1秒でも興味を持ってもらう。こういった視点もデザインには必要です。そしてビジネスシーンでも同じ視点が使えると"デキる人"になれます。

第4章　思わず読んでしまうような「デザイン」にしよう！

12日目 5/9 「文字の書体」を指定する

文書のフォントをfont-familyで指定してみよう!

文字の書体を指定する理由

文字の書体を「フォント」といいます。フォントは使う機器（パソコンやスマホ）によって入っているものが違います。

そこで、さまざまな機器で読めるように、フォントの候補を複数指定しておく必要があります。

人は文字の書体によってイメージを描きます。やさしい印象や教科書のようにカッチリとした印象など。ランディングページに合った雰囲気の文字書体を指定することで、見ている人を引きつけることができます。

文字の書体を指定するスタイルシート

font-family: フォント名1,フォント名2,フォント名3,･･･;

Let's Try 「文字の書体」を指定しよう

次のように、テキストエディタに入力し、ブラウザ上で確認してみましょう。

・HTML

```
1   <!DOCTYPE html>
2   <html lang="ja">
3   <head>
4    <meta charset="UTF-8">
5    <title>ヨガスタジオOPEN</title>
6    <style>
7    p.sample {font-family: "MS ゴシック","MS Gothic", "Osaka一等幅
    ",Osaka-mono, monospace;}
8    </style>
9   </head>
10  <body>
11   <p>ヨガスタジオOPEN!月額2,500円</p>
12   <p class="sample">ヨガスタジオOPEN!月額2,500円</p>
13  </body>
14  </html>
```

※フォント名に日本語や半角スペースが入っている場合は「""(ダブルクォーテーション)」で囲みます。複数のフォントを指定する場合は、優先度の高い順に左から「,(カンマ)」で区切って記述します。

ブラウザで表示された結果

ヨガスタジオOPEN!月額2,500円

ヨガスタジオOPEN!月額2,500円

2行目の文字の書体が変化したら成功です。

12日目 6/9 「文字の色と太さ」を指定する

フォントに続いて、文字の色と太さをcolor、font-weightで指定してみよう！

ランディングページには、価格や期限など、強調したい文字があるものです。常に同じ文字の色や太さだと読み飛ばされてしまうので、目を止めるために色と太さを変える必要があります。

色と太さで使うことの多いもの

ランディングページの文字の色や太さで使うことが多いのは
▶ 「無料」「0円」など→赤色
▶ 損得を表す単語→太字
です。

どちらも多すぎると、目に飛び込んできません。 話すときに声を大きくして強調したいと感じる部分に使いましょう。

文字の色を指定するスタイルシート

color: 色の値;

※色の値には「色名」「カラーコード」などがあります。詳しくはP190の「カラーコードについて」で説明します。

文字の太さを指定するスタイルシート

font-weight: 文字の太さ;

※太さには、normal、bold、100〜900の数値などを指定します。数値は大きいほうが太くなります。

Let's Try 「文字の色と太さ」を指定しよう

P137のLet's Tryの内容をすべて選択（ctrl+A）しコピーします（ctrl+C）。新しくテキストエディタを起動し、コピーした内容を貼りつけます（ctrl+V）。貼りつけた内容を次のように入力しなおし、保存したらブラウザで確認してみましょう。

※今後のLet's Tryで元にして使うページの指定があった場合は、この方法を使って進めていきましょう！

・P137の7行目を以下のCSSコードに入力しなおします。

```
1    p.sample {
2      color: yellow;
3      font-weight: bold;
4    }
```

ブラウザで表示された結果

> ヨガスタジオOPEN!月額2,500円
>
> **ヨガスタジオOPEN!月額2,500円**

2行目の色と太さが変化したら成功です。

第4章　思わず読んでしまうような「デザイン」にしよう！

12日目 7/9 「文字の大きさ」を指定する

次は文字の大きさ! font-sizeで指定できるよ!

文字の大きさを指定する理由

　ランディングページを読むとき、見出しだけを拾い読みしていく人がいます。このような人への対策として、見出しやこちらが伝えたいことだけを目で拾いやすくするため、文字の大きさを変える必要があります。

大きさで使うことの多いもの

　ランディングページでは、以下のように文字の大きさを使い分けることが多いです。

▶ タイトルが「特大」
▶ 文章の区切りになる見出しが「大」
▶ 文章の中で大切な小見出しが「中」

　主要なブラウザの**標準**が「**16ピクセル**」という大きさなので、**特大は「32ピクセル」、大は「24ピクセル」、中は「18ピクセル」**くらいから指定して使います。
　最終的には、全体のバランスを見ながら文字の大きさを細かく調整していきましょう。

文字の大きさを指定するスタイルシート

font-size: 文字のサイズ;

※文字のサイズは「数値」で指定することが多いです。数値はピクセル（px と表記します）と呼ばれる単位で指定し、大きい数値のほうが文字のサイズも大きくなります。

Let's Try 「文字の大きさ」を指定しよう

P137のコードを元にして次のように入力しなおし、保存したらブラウザで確認してみましょう。

・P137の7行目を以下のCSSコードに入力しなおします。

```
1    p.sample {
2      font-size: 24px;
3    }
```

ブラウザで表示された結果

ヨガスタジオOPEN!月額2,500円

ヨガスタジオOPEN!月額2,500円

2行目のサイズが大きくなったら成功です。

12日目 8/9 「文字の表示位置」と「ページの背景色」を指定する

中央揃えなどの文字の位置、そして背景色を
text-align、background-colorで指定してみよう!

文字の表示位置を指定する理由

ランディングページでは、目を引くために文字を中央に揃えたり、署名を右へ揃えたりすることがあります。これは読み手を飽きさせないよう文章にリズムを作る必要があるからです。

ページの背景色を指定する理由

ランディングページの背景色は、扱う商品やサービスの雰囲気を決めます。例えば、女性向けなら「ピンク」、男性向けなら「黒」、カッチリとしたイメージがほしいなら「白」や「青」という具合です。雰囲気に合った色を使いましょう。

文字の表示位置を指定するスタイルシート

text-align: 揃える位置;

※揃える位置には「左揃え:left」「中央揃え:center」「右揃え:right」のいずれかを入力します。指定しない場合は左揃えになります。

背景の色を指定するスタイルシート

background-color: 色の値;

※色の値には「色名」「カラーコード」などがあります。詳しくはP190の「カラーコードについて」で説明します。

Let's Try 「文字の表示位置と背景色」を指定しよう

P137のコードを元にして次のように入力しなおし、保存したらブラウザで確認してみましょう。

・P137の7行目を以下のCSSコードにしなおします。

```
1  p.sample {
2    text-align: center;
3    background-color: black;
4    color: white;
5  }
```

ブラウザで表示された結果

ヨガスタジオOPEN!月額2,500円

ヨガスタジオOPEN!月額2,500円

2行目の表示位置と背景色が変化したら成功です。

※背景色と文字が同じ色だと見えないので、文字の色を変えていることに注意。

12日目 9/9 【課題6】 ヨガスタジオのネット広告作成

6回目の課題です！ わからないことがあったら、「ヒント」を参照したり、これまで学んだページを見直そう！

課題の内容

ヨガスタジオのネット広告をデザインしてみよう。

素材

【課題5】（P122）で保存したファイル「yoga-studio-lp.html」をエクスプローラー(Macの場合はFinder)で保存場所から見つけ、テキストエディタで開いて課題の準備をしましょう。
<head>〜</head>部分にCSSを記述するための<style>〜</style>を追加します。

STEP1 文字を見やすい書体にして印象を変える

ランディングページ全体の文字を目にやさしい書体にし、読みやすさを高めましょう。

・CSS（HTMLの<style>〜</style>の間に入力しましょう）

```
1    body {font-family: Arial, "ヒラギノ角ゴ ProN W3", "Hiragino Kaku Gothic ProN", "メイリオ", Meiryo, sans-serif;}
```

STEP2 h1の文字をデザインして変える

　最初の見出しは目を引きたい部分です。文字を女性向けにホワイトの太字、大きさも36pxの特大に。また文字を中央揃えに、背景色をライトグリーンにしてみましょう。

・CSS（HTMLの<style>〜</style>の間に入力しましょう）

```
2  h1 {
3    color: white; font-weight: bold; font-size: 36px;
4    text-align: center; background-color: lightgreen;
5  }
```

　ここまでできれば保存します。【課題5】と同じように保存したファイルを見つけます。そしてブラウザで表示します。

答え合わせ

ブラウザで表示された結果

第4章　思わず読んでしまうような「デザイン」にしよう！

今回追加したCSS部分

・HTML（<head>〜</head>部分のみを抜粋しています）

```
1    <head>
2    <meta charset="UTF-8">
3    <title>ヨガスタジオOPEN</title>
4    <style>
5    body {font-family: Arial, "ヒラギノ角ゴ ProN W3", "Hiragino Kaku
     Gothic ProN", "メイリオ", Meiryo, sans-serif;}
6    h1 {
7      color: white; font-weight: bold; font-size: 36px;
8      text-align: center; background-color: lightgreen;
9    }
10   </style>
11   </head>
```

STEP3 HTMLからCSSのスタイル部分を取り出し、外部CSSファイルにする

　<style>〜</style>の範囲を指定して切り取ります。テキストエディタをもう一つ起動し、切り取った部分をコピー。<style>の開始と終了タグだけを削除し、ディレクトリ「yogalp/css」の中に「style.css」という名前で保存します（文字コードはUTF-8）。

　保存できれば今度はHTMLから保存した外部CSSファイルを読み込むように設定しましょう。

HTMLで外部CSSファイルの読み込みを指定した部分

```
1  <head>
2    <meta charset="UTF-8">
3    <title>ヨガスタジオOPEN</title>
4    <link href="css/style.css" type="text/css" rel="stylesheet">
5  </head>
```

外部CSSの内容

```
1  body {font-family: Arial, "ヒラギノ角ゴ ProN W3", "Hiragino Kaku
   Gothic ProN", "メイリオ", Meiryo, sans-serif;}
2  h1 {
3    color: white; font-weight: bold; font-size: 36px;
4    text-align: center; background-color: lightgreen;
5  }
```

※HTML内で記述したときにあった<style>タグの開始と終了が、外部CSSファイルではなくなっていることに注意してください。

変更したHTMLファイル、外部CSSファイル、両方を保存し、ブラウザで再表示して取り出す前と同じデザインになっているか確認しましょう（再表示は、Windowsだと「Ctrl+F5」、Macだと「Command＋R」になります。）。

12日目のまとめ

- □ CSSの役割はデザインである
- □ 文字の書体や大きさはCSSで指定する
- □ CSSを使うと表示位置や色も変えられる

第4章 思わず読んでしまうような「デザイン」にしよう！

課題6の正解コード

・HTML (yoga-studio-lp.html)

```
1   <!DOCTYPE html>
2   <html lang="ja">
3   <head>
4    <meta charset="UTF-8">
5    <title>ヨガスタジオOPEN</title>
6    <link href="css/style.css" type="text/css" rel="stylesheet">
7   </head>
8   <body>
9    <header>
10    <h1>ヨガスタジオ○月○日(日)OPEN!　月額2,500円</h1>
11    <figure>
12     <img src="images/yoga-woman.jpg" alt="ヨガスタジオOPEN">
13     <figcaption>ヨガで心と体のバランスを整えよう。</figcaption>
14    </figure>
15    <p><a href="#cta">今すぐ申し込む</a></p>
16   </header>
17   <main>
18    <p><h2>事実、30代以上の方が、ヨガをはじめています。</h2>
19    <blockquote><h3>体質が変わった会員様の声</h3>
20    肩こりがなくなりました(30代)<br>最近ぎっくり腰になりません!(40代)</
     blockquote></p>
21    <p><h3>期待できる効果!</h3>
22    ぽっこり<big><strong>お腹</strong></big>に</p>
23    <p>他にも3つのヨガ効果!</p>
24    <p><ul>
```

```
25      <li>気持ちリセット</li>
26      <li>体幹ほぐし</li>
27      <li>デトックス</li>
28    </ul></p>
29    <iframe width="560" height="315" src="https://www.
   youtube.com/embed/N4k2SKL0vvM?rel=0" frameborder="0"
   allow="accelerometer; autoplay; encrypted-media; gyroscope;
   picture-in-picture" allowfullscreen></iframe>
30    <p id="cta"><a target="_blank" href="https://www.google.
   co.jp">お申し込みはこちらから</a></p>
31  </main>
32  <footer>
33    <small>&copy;2019 hibi-yoga-studio.</small>
34  </footer>
35  </body>
36  </html>
```

• CSS (style.css)

```
1  body {
2    font-family: Arial, "ヒラギノ角ゴ ProN W3", "Hiragino Kaku Gothic
   ProN", "メイリオ", Meiryo, sans-serif;
3  }
4
5  h1 {
6    color: white; font-weight: bold; font-size: 36px;
7    text-align: center; background-color: lightgreen;
8  }
```

13日目 1/7 実践的な9個のデザインテクニック

CSSを学ぶうえで、これだけは押さえてほしいという実践的なデザインノウハウを紹介するよ！

目を引く効果を指定する

　これから学ぶ実践的なデザインのノウハウの概要を説明します。詳細は次ページから解説するので、今の段階では「こういうものがあるんだ」と思ってみてください。

- ▶ max-width：画像の大きさを指定する
- ▶ float：文字や画像の表示位置を指定する
- ▶ clearfix：文字や画像の回り込みを解除する
- ▶ border-radius：角丸の枠を指定する
- ▶ background:linear-gradient：イエローマーカーで強調指定する
- ▶ line-height：行と行の余白を指定する
- ▶ hover、active：リンクにマウスが当たるとデザインを変える
- ▶ animation：リンクにプルンプルンな動きをつける
- ▶ @media：スマホでも見やすくする

【その他デザインで学ぶこと】
- ▶ シンプルなデザインを目指す
- ▶ カラーコードについて
- ▶ 透過画像について
- ▶ デバイス別チェック方法

Memo デザインの程度は「通販サイトのランディングページ」を参考に!

　ここからは、ランディングページを作っていくうえで、目を引くデザインにする方法を紹介していきます。イエローマーカーやプルンプルン動くリンク、スマホでも見やすくする方法は必須です。

　こういった目を引く効果は、使い過ぎると逆効果になることがあります。では、どの程度使うのがいいのかというと……特に決まりはありません。

　しかしそれでは、もしあなたが将来、自分でランディングページを作って何かを売ろうとしたとき困ります。

　そこで次のような方法を覚えておくとラクになります。

▶ **男性向け? 女性向け? ファミリー向け?**
▶ **食品? サプリメント? ダイエット?**
▶ **20代? 30代? 40代?**

　このように違いはありますが、使い方の参考になるのは「通販サイトのランディングページ」です。

　ランディングページは常に「誰か特定の対象」に向けて作られています。あなたが想定する売りたい人と同じ対象に商品やサービスを販売しているところを参考にすることができます。

　「自分の感覚」も大事ですが、最初はちょうどいい頃合いがわかりません。そういうときこそ、他のランディングページを参考にさせてもらいましょう。

13日目 2/7 「画像の大きさ」を指定する

画像の大きさをmax-widthで指定してみよう!

　ランディングページでは、ほぼ確実に「画像」を使います。使う画像には元画像が持つサイズがあり、元画像のサイズよりも大きくすると画質が劣化し見た目にもよくありません。そこで適切な大きさで表示されるように指定する必要があります。

画像の大きさで注意するポイント

　従来だと、表示する対象がパソコンだけだったので、画像のサイズもお決まりの大きさなら劣化することもほぼありませんでした。しかし現在では、パソコン以外にもスマホやタブレットなど、表示画面にさまざまなサイズの端末が存在し、お決まりの画像サイズというものがありません。

　そこで、画面の表示サイズがどれだけ大きくなっても、元画像が持つサイズ以上にならないよう注意する必要があります。これは理屈ではなく感覚的な「見栄え」に影響します。

画像の大きさを指定するスタイルシート

max-width: 画像のサイズ;

※画像のサイズは「%」で指定します。100%は元画像が持つ最大サイズま

で大きくなります。90%なら「元画像が持つ最大サイズの90%までを限界とする」ということです。つまり、見栄えを考えると最大でも100%が指定できる限界ということになります。

Let's Try 「画像の大きさ」を指定してみよう！

P137のコードを元にして次のように入力しなおし、保存したらブラウザで確認してみましょう。

・P137の11～12行目を以下のHTMLコードに入力しなおします。

```
1  <img src="images/yoga-woman.jpg" alt="ヨガをはじめよう">
2  <img class="sample" src="images/yoga-woman.jpg" alt="ヨガをはじめよう">
```

・P137の7行目を以下のCSSコードに入力しなおします。

```
1  img.sample {
2    max-width: 40%;
3  }
```

ブラウザで表示された結果

2つ目の画像がオリジナルの40％の大きさで表示されたら成功です。

13日目 3/7 「文字や画像の表示位置」を指定する

画像のまわりにテキストを回り込ませたいときはfloatで指定をしよう!

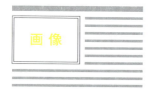

ランディングページでは、画像に関連のあるテキストを画像の右または左に回り込ませて見せたいことがあります。画像で目を引き、より細かな説明を読んでもらう必要があるからです。

　表示位置を指定する主体は「画像」です。画像を左右のどちらに表示するかで文字の表示位置が決まります。画像を左側に表示すると文字は右側に、画像を右側にすると文字は左側になります。

表示位置を指定するスタイルシート

float: 表示位置;

※表示位置は「left」「right」のどちらかを指定します。

Let's Try 「文字や画像の表示位置」を指定しよう

　P137のコードを元にして次のように入力しなおし、保存したらブラウザで確認してみましょう。

・P137の11〜12行目を以下のHTMLコードに入力しなおします。

```
1    <figure><img src="images/yoga-woman.jpg" alt="ヨガをはじめよう
```

```
"><figcaption>ヨガをすると体が整います</figcaption></figure><p>女
性がダイエットをしたいと考えるきっかけは何でしょうか?</p>
```
2 ```
<figure class="sample"><img src="images/yoga-woman.
jpg" alt="ヨガをはじめよう"><figcaption>ヨガをすると体が整います</
figcaption></figure><p>女性がダイエットをしたいと考えるきっかけは何で
しょうか?</p>
```

・P137の7行目を以下のCSSコードに入力しなおします。

1 ```
figure.sample {
```
2 ```
  float: right;
```
3 ```
}
```

ブラウザで表示された結果

2つめの画像が右、文章が左へ回り込んで表示されたら成功です。

13日目 4/7 「文字や画像の回り込み」を解除する

前項で紹介したfloatを解除するためには、clearfixを指定しよう!

文字や画像の回り込みを解除する理由

　floatによって文字や画像の回り込みを実現しました。しかし、このままでは指定箇所以降がすべて「回り込み」デザインが有効になったままです。自由にデザインするためには回り込みを解除しなくてはいけません。

　解除の方法を「clearfix(クリアフィックス)」と呼びます。clearfixにはさまざまな方法があります。今回はその中からシンプルな方法をお伝えします。

回り込みを解除するスタイルシート

```
content: "";
display: block;
clear: both;
```

※それぞれの意味を知るよりも、この組み合わせで解除できることを覚えましょう。

Let's Try 「回り込みの解除」を指定しよう

　P137のコードを元にして次のように入力しなおし、保存したらブラウザで確認してみましょう。

・P137の11〜12行目を以下のHTMLコードに入力しなおします。

1. `<figure class="sample"><img src="images/yoga-woman.jpg" alt="ヨガをはじめよう"><figcaption>ヨガをすると体が整います</figcaption></figure>`
2. `<p class="clearfix">女性がダイエットをしたいと考えるきっかけは何でしょうか?</p>`
3. `<h2>鏡に映った自分のシルエットを美しく変えたい!</h2>`

・P137の7行目を以下のCSSコードに入力しなおします。

1. `figure.sample {`
2. `  float: right;`
3. `}`
4. `.clearfix:after {`
5. `  content: "";`
6. `  display: block;`
7. `  clear: both;`
8. `}`

ブラウザで表示された結果

　回り込みが解除され、<h2>の部分が画像の次の行で左寄せ表示されたら成功です。

13日目 5/7 「角丸の枠」を指定する

枠の角に丸みをつけると優しい雰囲気に! border-radiusで指定しよう!

角丸の枠を指定する理由

ランディングページではお客さまの声など、注目させたい部分を枠で囲ってアピールすることがあります。一般的な商品やサービスなら、四隅が角ばった枠のままでも構わないのですが、扱う商品やサービスが「自然由来」「やわらかい印象」「優しい印象」など、イメージとして丸みを期待させる場合には、枠の四隅が丸い「角丸の枠」が喜ばれます。

角丸の枠を指定するスタイルシート

border-radius: 角を丸める値;

※角を丸める値には、px、%、emなどの単位を使えます。**はじめのうちはpxを使いましょう。**

Let's Try 「角丸の枠」を指定してみよう！

P137のコードを元にして次のように入力しなおし、保存したらブラウザで確認してみましょう。

・P137の11〜12行目を以下のHTMLコードに入力しなおします。

```
1  <p>ヨガスタジオOPEN!月額2,500円</p>
2  <p class="sample">ヨガスタジオOPEN!月額2,500円</p>
```

・P137の7行目を以下のCSSコードに入力しなおします。

```
1  p.sample {
2    background-color: lightgrey;
3    max-width: 300px;
4    text-align: center;
5    border-radius: 5px;
6  }
```

ブラウザで表示された結果

ヨガスタジオOPEN!月額2,500円

　　ヨガスタジオOPEN!月額2,500円

角丸の枠で囲えたら成功です。

Point　border-radiusの「角を丸める値」を10pxとか30pxに変えてブラウザで表示しなおすと、値によって角の丸みがどのように変化するか実体験できます。試してみよう！

13日目 6/7 「イエローマーカー」で強調指定する

目立たせたい文章はイエローマーカーにしよう！

イエローマーカーを指定する理由

　文章で強調するとき、「太字」という方法がありました。
　しかし太字よりも強調したいとき、絶対に目を引きたいときに有効なのが「イエローマーカー」です。紙の資料でもサッと黄色の蛍光ペンを走らせたところは目に入ります。これと同じ効果が期待できます。

イエローマーカーを指定するスタイルシート

background:linear-gradient(transparent マーカーの高さ, カラーコード マーカーの高さ);

※マーカーの高さには「％」を使います。値が小さいほどマーカーが太くなり、大きいほど細くなります。

Let's Try 「イエローマーカー」を指定してみよう！

　P137のコードを元にして次のように入力しなおし、保存したらブラウザで確認してみましょう。

・P137の11〜12行目を以下のHTMLコードに入力しなおします。

```
1  <p>ヨガスタジオOPEN!月額2,500円</p>
2  <p>ヨガスタジオOPEN!<strong class="gokubuto">月額2,500円</strong></p>
3  <p>ヨガスタジオOPEN!<strong class="futo">月額2,500円</strong></p>
4  <p>ヨガスタジオOPEN!<strong class="hoso">月額2,500円</strong></p>
```

・P137の7行目を以下のCSSコードに入力しなおします。

```
1  strong.gokubuto {
2    background:linear-gradient(transparent 10%, yellow 10%);
3  }
4  strong.futo {
5    background:linear-gradient(transparent 65%, yellow 65%);
6  }
7  strong.hoso {
8    background:linear-gradient(transparent 90%, yellow 90%);
9  }
```

ブラウザで表示される結果

ヨガスタジオOPEN!月額2,500円

ヨガスタジオOPEN!**月額2,500円**

ヨガスタジオOPEN!**月額2,500円**

ヨガスタジオOPEN!**月額2,500円**

2〜4行目に太さの違うイエローマーカーが表示されたら成功です。

13日目 7/7 【課題7】 ヨガスタジオのネット広告作成

7回目の課題です！ わからないことがあったら、「ヒント」を参照したり、これまで学んだページを見直そう！

課題の内容

前回の課題に続き、ヨガスタジオのネット広告をデザインしてみよう。

素材

【課題6】（P144）で保存したファイル「yoga-studio-lp.html」と「style.css」をエクスプローラー(Macの場合はFinder)で保存場所から見つけ、テキストエディタで開いて課題の準備をしましょう。

STEP1 「30代以上の方」の部分にイエローマーカーを引く

・HTML(yoga-studio-lp.htmlに入力しましょう)

```
1  <h2>事実、<span class="yellow-futo">30代以上の方</span>が、ヨガをはじめています。</h2>
```

・CSS(style.cssに入力しましょう)

```
1  .yellow-futo {
2    background: linear-gradient(transparent 65%, yellow 65%);
3  }
```

STEP2 「他に3つのヨガ効果!」へ角丸ボックスを描く

・HTML（yoga-studio-lp.htmlに入力しましょう）

```
2    <p class="kadomaru-box">他に3つのヨガ効果!</p>
```

・CSS（style.cssに入力しましょう）

```
4    .kadomaru-box {
5      background-color: lightgrey; max-width: 300px;
6      text-align: center; border-radius: 5px;
7    }
```

　ここまでできれば「yoga-studio-lp.html」と「style.css」をそれぞれ保存します。

【課題6】と同じように、保存したファイルを見つけます。そしてブラウザで「yoga-studio-lp.html」のファイルを表示します。うまく表示されない場合は、落ち着いて2つのファイルをそれぞれ順番に見ていきましょう。

STEP3 お客様の声に画像を入れ、感想を画像の右側へ回り込ませる

・CSS（style.cssに入力しましょう）

```
8    .cv-contents {max-width: 800px;}
9    .cv-contents figure {float: left; max-width: 350px;}
10   .cv-contents blockquote {text-align: left;}
11   .clearfix:after {content: ""; display: block; clear: both;}
```

第4章　思わず読んでしまうような「デザイン」にしよう！

163

ヒント

それぞれ「.」から始まる部分は忘れやすいので注意しましょう!

「事実、30代以上の方がヨガをはじめています。」の後ろに画像を入れます。
画像は【課題2】で準備した「proglp/yogalp/images」フォルダにある「yoga-cv.jpg」ファイルを「ドキュメント/yogalp/images」へコピーしてください(Mac：書類/yogalp/images)。
引用を表示した後、回り込みを解除します。回り込みの領域を作るために<div>タグを追加したので終了タグを入力します。

・HTML(yoga-studio-lp.htmlに入力しましょう)

```
3    <p><h2>事実、<span class="yellow-futo">30代以上の方</span>が、
     ヨガをはじめています。</h2>
4    <div class="cv-contents">
5      <figure>
6      <img src="images/yoga-cv.jpg" alt="会員様の声">
7      <figcaption>カラダのバランスもアップ!</figcaption>
8      </figure>
9    <blockquote class="clearfix"><h3>体質が変わった会員様の声</h3>
     肩こりがなくなりました(30代)<br>最近ぎっくり腰になりません!(40代)</
     blockquote>
10   </div>
11   </p>
```

※上のHTMLコード、4行目の<div>と10行目の</div>、9行目の<blockquote>の「class="clearfix"」が回り込みと解除のキモです。
ここまでできれば「yoga-studio-lp.html」と「style.css」をそれぞれ保存します。P163と同じように、保存したファイルを見つけます。そしてブラウザで

「yoga-studio-lp.html」のファイルを表示します。

答え合わせ

第4章 思わず読んでしまうような「デザイン」にしよう！

13日目のまとめ
- ☐ 文字を回り込ませると印象が変わります
- ☐ 回り込みを行った後は解除を忘れずに！
- ☐ 角丸の枠やイエローマーカーはランディングページでは使うことが多い

課題7の正解コード

・HTML

P148〜149【課題6】の正解コードの「<p><h2>事実、30代以上の方が〜」から対になる「</p>」部分を以下の2〜11行目のコードに変更。

1行目は【課題6】と同じですが、わかりやすいよう残しています。

```
1    <main>
2    <p><h2>事実、<span class="yellow-futo">30代以上の方</span>が、ヨガをはじめています。</h2>
3    <div class="cv-contents">
4      <figure>
5      <img src="images/yoga-cv.jpg" alt="会員様の声">
6      <figcaption>カラダのバランスもアップ!</figcaption>
7      </figure>
8    <blockquote class="clearfix"><h3>体質が変わった会員様の声</h3>
9      肩こりがなくなりました(30代)<br>最近ぎっくり腰になりません!(40代)</blockquote>
10   </div>
11   </p>
```

・CSS

【課題6】のコードに以下を追加

```
1    .yellow-futo {
2      background: linear-gradient(transparent 65%, yellow 65%);
3    }
4
```

```css
 5    .kadomaru-box {
 6      background-color: lightgrey; max-width: 300px;
 7      text-align: center; border-radius: 5px;
 8    }
 9
10    .cv-contents {
11      max-width: 800px;
12    }
13
14    .cv-contents figure { /* cv-contentsが指定されている中にあるfigureタ
      グだけに効果を出す */
15      float: left;
16      max-width: 350px;
17    }
18
19    .cv-contents blockquote { /* cv-contentsが指定されている中にある
      blockquoteタグだけに効果を出す */
20      text-align: left;
21    }
22
23    .clearfix:after {
24      content: "";
25      display: block;
26      clear: both;
27    }
```

※上のコード内の「/*～*/」で囲った部分を「コメント」と呼びます。CSS
　コードが何をしているのかを自分用に記録したり、他の人に伝えるために
　書き込んだりしています。

14日目 1/4　「行と行の余白」を指定する

スムーズに文章を読めるようにするためには、行間の余白の調整が必要。line-heightで指定しよう！

ランディングページでは、読みやすくするためのコツとして行間に余裕を持たせ、文章を「文字のかたまり」のように見せない工夫が必要となります。

行の高さの計算方法

行の高さとは、文字の高さに上下の余白を足した値です。
「行の高さ　＝　文字の高さ　＋　上下の余白」
　例えば、文字が12pxの文章で行の高さを26pxにしたい場合、「26px － 12px ＝ 14px」という計算になり、文字の上下に14pxの半分7pxずつの余白が生まれます。

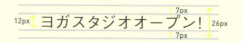

行と行の余白を指定するスタイルシート

line-height: 行の高さの値;

※行の高さの値には、px、％、emなどの単位を使えます。はじめのうちはpxを使いましょう。

Let's Try 「行と行の余白」を指定しよう

　P137のコードを元にして次のように入力しなおし、保存したらブラウザで確認してみましょう。

・P137の11〜12行目を以下のHTMLコードに入力しなおします。

```
1   <p>基本から人気のヨガを習得できる!<br>
    世代を超えてヨガの人気は広がっています。ベーシックなヨガからマタニティヨ
    ガ、シニアヨガまであなたに合ったヨガを楽しめます!</p>
2   <p class="sample">基本から人気のヨガを習得できる!<br>
    世代を超えてヨガの人気は広がっています。ベーシックなヨガからマタニティヨ
    ガ、シニアヨガまであなたに合ったヨガを楽しめます!</p>
```

・P137の7行目を以下のCSSコードに入力しなおします。

```
1   p.sample {
2     line-height: 36px;
3   }
```

ブラウザで表示された結果

基本から人気のヨガを習得できる!
世代を超えてヨガの人気は広がっています。ベーシックなヨガからマタニティヨガ、
シニアヨガまであなたに合ったヨガを楽しめます!

基本から人気のヨガを習得できる!

世代を超えてヨガの人気は広がっています。ベーシックなヨガからマタニティヨガ、

シニアヨガまであなたに合ったヨガを楽しめます!

　2つめの段落の行間が広くなれば成功です。

14日目 2/4 リンクにカーソルが当たると、デザイン変更

「アクセスはこちら!」など書かれている部分にカーソルを当てると、デザインが変わることがあるよね。これらはhover、activeで指定できるよ!

「擬似クラス」とは

　リンクにマウスの矢印が重なったとき、クリックしたとき、デザインが変わると目を引きます。またデザインが変わることで視認性が上がります。
　なお、「マウスカーソルが重なる」「クリックする」といった状態を指定する**「擬似クラス」**というキーワードを使うことで、デザインを瞬間的に変えることができます。
　　:hover　マウスカーソルが重なっている状態
　　:active　クリックした状態

リンクにカーソルが当たるとデザインを変えるスタイルシート

```
a:hover {
background-color: カラーコード; color: カラーコード;
}
a:active {
background-color: カラーコード; color: カラーコード;
}
```

Let's Try 「リンクにカーソルが当たるとデザインが変わる」ように指定しよう

P137のコードを元にして次のように入力しなおし、保存したらブラウザで確認してみましょう。

- P137の11〜12行目を以下のHTMLコードに入力しなおします。

```
1  <a href="#">お申し込みはこちらから</a>
```

- P137の7行目を以下のCSSコードに入力しなおします。

```
1  a:hover {
2    background-color: blue; color: white;
3  }
4  a:active {
5    background-color: lightpink; color: white;
6  }
```

ブラウザで表示された結果

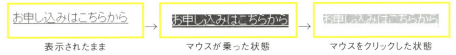

表示されたまま　→　マウスが乗った状態　→　マウスをクリックした状態

リンクにマウスカーソルが重なると「青」、クリックすると「薄ピンク」になります。

14日目 3/4 リンクにプルンプルンな動きをつける

リンクに動きをつけると、さらに目を引きます。animationで指定できるよ!

プルンプルンな動きは複雑

　リンクが「プルンプルン」動くと、なぜだかわかりませんがクリックされることが増えます。だから、ランディングページに登場することが多いのです。
　プルンプルンな動きを完全に理解することは複雑で難解です。そこで複雑な機能は「そのまま使う」のも方法です。コードの著作権に注意しライセンスフリーで実現できるのであれば、そのまま使わせてもらいましょう。
※ライセンスフリーかどうかは、コードが掲載されているサイト管理者へ問い合わせる。または、ポリシーなどのページに注意書きがないかチェックしておきましょう。

Let's Try 「プルンプルンな動き」の指定をしよう

　P137のコードを元にして次のように入力しなおし、保存したらブラウザで確認してみましょう。

・P137の11〜12行目を以下のHTMLコードに入力しなおします。
```
1    <a href="#">お申し込みはこちらから</a>
```

・P137の7行目を以下のCSSコードに入力しなおします。

```
1   a {
2     display: block;
3     animation: prunprun 2.2s ease-in infinite;
4     -webkit-animation: prunprun 2.2s ease-in infinite;
5     -moz-animation: prunprun 2.2s ease-in infinite;
6     -o-animation: prunprun 2.2s ease-in infinite;
7     -ms-animation: prunprun 2.2s ease-in infinite;
8   }
9   @keyframes prunprun {
10  48%, 62% {transform: scale(1.0, 1.0);}
11  50% {transform: scale(1.1, 0.9);}
12  56% {transform: scale(0.9, 1.1) translate(0, -5px);}
13  59% {transform: scale(1.0, 1.0) translate(0, -3px);}
14  }
15  @-webkit-keyframes prunprun{
16  48%, 62% {-webkit-transform: scale(1.0, 1.0);}
17  50% {-webkit-transform: scale(1.1, 0.9);}
18  56% {-webkit-transform: scale(0.9, 1.1) translate(0, -5px);}
19  59% {-webkit-transform: scale(1.0, 1.0) translate(0, -3px);}
20  }
```

ブラウザで表示された結果

お申し込みはこちらから

　リンクがプルンプルンと動くのですが、紙面ではわからないので、次の課題で実体験してください。

14日目 4/4 【課題8】 ヨガスタジオのネット広告作成

8回目の課題です！ わからないことがあったら、「ヒント」を参照したり、これまで学んだページを見直そう！

課題の内容

前回の課題に続き、ヨガスタジオのネット広告をデザインしてみよう。

素材

【課題7】（P162）で保存したファイル「yoga-studio-lp.html」と「style.css」をエクスプローラー(Macの場合はFinder)で保存場所から見つけ、テキストエディタで開いて課題の準備をします。

STEP1 会員様の声の行間を広くする

- CSS（style.cssに入力しましょう）に「line-height」の部分を追加

```
1  .cv-contents {
2    max-width: 800px;
3    line-height: 36px;
4  }
```

STEP2 リンクを角丸枠で囲む

・CSS（style.cssに入力しましょう）

```
5   a {
6     background-color: blue; color: white; font-size: 20px;
7     text-align: center; border-radius: 5px;
8   }
```

STEP3 リンクにマウスが当たったときの色を変える

・CSS（style.cssに入力しましょう）

```
9    a:hover {
10     background-color: darkblue; color: white;
11   }
12   a:active {
13     background-color: pink; color: white;
14   }
```

ヒント

「a」と「hover」「active」の間の「:」に注意しましょう。

STEP4 リンクをプルンプルンさせる

CSS（style.cssに入力しましょう）に「text-decoration」から下の部分を
追加

```
15   a {
16     background-color: blue; color: white; font-size: 20px;
17     :
18     text-decoration: none; max-width: 300px;
19     display:block;
20     animation: prunprun 2.2s ease-in infinite;
21     -webkit-animation: prunprun 2.2s ease-in infinite;
22     -moz-animation: prunprun 2.2s ease-in infinite;
23     -o-animation: prunprun 2.2s ease-in infinite;
24     -ms-animation: prunprun 2.2s ease-in infinite;
25   }
```

「text-decoration:none」でリンクの下線を消し、「max-width」でボタ
ンの幅の最大サイズを指定します。これで雰囲気が変わります。そして、前
回学習した（P172～173）ときに登場した「@keyframes」「@-webkit-
keyframes」の部分をそのまま、今回の課題で使うCSSファイル「style.css」
へ追加します。

　ここまでできれば「style.css」を保存します。
　P174と同じように保存したファイルを見つけます。そしてブラウザで「yoga-
studio-lp.html」のファイルを表示します。

> 答え合わせ

第 4 章 思わず読んでしまうような「デザイン」にしよう！

> **14日目のまとめ**
> ☐ 行と行の余白は文章から受ける印象を左右する
> ☐ マウスが当たることで色が変わると視覚的にもわかりやすくなる
> ☐ "プルンプルン"はなぜか反応が高いので機会があれば使ってみよう

課題 8 の正解コード

・HTML

P166〜167【課題7】の正解コードと同じ

・CSS

P166〜167【課題7】の正解コードに以下のコードを追加

1〜2行目は【課題7】と同じですが、わかりやすいよう残しています。

```
1   .cv-contents {
2     max-width: 800px;
3     line-height: 36px;
4   }
5
6   a {
7     background-color: blue; color: white; font-size: 20px;
8     text-align: center; border-radius: 5px;
9     text-decoration: none; max-width: 300px;
10    display:block;
11    animation: prunprun 2.2s ease-in infinite;
12    -webkit-animation: prunprun 2.2s ease-in infinite;
13    -moz-animation: prunprun 2.2s ease-in infinite;
14    -o-animation: prunprun 2.2s ease-in infinite;
15    -ms-animation: prunprun 2.2s ease-in infinite;
16  }
17
18  @keyframes prunprun {
19  48%, 62% {transform: scale(1.0, 1.0);}
```

```
20  50% {transform: scale(1.1, 0.9);}
21  56% {transform: scale(0.9, 1.1) translate(0, -5px);}
22  59% {transform: scale(1.0, 1.0) translate(0, -3px);}
23  }
24
25  @-webkit-keyframes prunprun {
26  48%, 62% {-webkit-transform: scale(1.0, 1.0);}
27  50% {-webkit-transform: scale(1.1, 0.9);}
28  56% {-webkit-transform: scale(0.9, 1.1) translate(0, -5px);}
29  59% {-webkit-transform: scale(1.0, 1.0) translate(0, -3px);}
30  }
31
32  a:hover {
33    background-color: darkblue; color: white;
34  }
35  a:active {
36    background-color: pink; color: white;
37  }
```

　今回の課題ではCSSだけを変更しました。HTMLは変化していないのにデザインは変化しています。これがP129でお話しした「文書の構造」と「見た目のデザイン」を分離することの特徴です。

15日目 1/7 スマホでも見やすくする

WebページはPCだけでなくスマホでも見やすいようにする必要があるよ！ @mediaで指定してみよう！

スマホを意識する理由

これまでは、ランディングページを見る端末はパソコンが主流でした。

しかしiPhoneの登場以降、ランディングページを含むWebサイトを見る手段としてスマホが主流となっています。そのためパソコンでもスマホでも見やすくする必要が出てきました。

端末が変わると見え方と使い方が変わる

パソコンの画面は比較的大きいため、少しくらい小さな文字も読めてしまいます。しかし、画面サイズがパソコンよりも小さいスマホの場合、文字が小さいと読むことができません。

また、パソコンではボタンをマウスでクリックしますが、スマホは指でタップしますので、指で押せるボタンの大きさにする必要があります。

Let's Try 「スマホでも見やすい」指定をしよう

P137のコードを元にして次のように入力しなおし、保存したらブラウザで確認してみましょう。

・P137の4行目（<meta>）の下へ以下のHTLMコードを追加します。

```
1  <meta name="viewport" content="width=device-width, initial-
   scale=1">
```

　HTMLの<head>へ端末によって変化する画面の横幅を指定します。レスポンシブの場合は自動的に合わせるので**「device-width」**を指定します。

　また画面幅によって表示倍率を決めることができますが、これもレスポンシブの場合は拡大縮小が不要なので**「initial-scale=1」**を指定します。

・P137の7行目を以下のCSSコードに入力しなおします。

```
1  @media screen and (max-width:600px) {
2  }
```

　「@media」が画面幅でデザインを変更する目印です。**「screen」**はパソコン、スマホ、タブレットなどの画面を意味します。

　「max-width」はページを表示する端末の画面幅が最大600px以下の場合、@mediaの{と}で挟まれた内側に指定するCSSを使ってデザインされることを表しています。

パソコンは横幅が
601px以上

スマホは
横幅
600px
まで

レスポンシブでの文字サイズの対応について

　これまで文字サイズを指定するときには「px」という単位を使ってきました。しかし、レスポンシブの場合、端末の画面幅によって適切な文字サイズが変化しますので「px」ではなく「倍率」で指定します。

　倍率での指定方法もいくつかありますが、今回は「vw」という単位を覚えておいてください。「vw」とは「viewport」の略で、画面幅に対する割合を表しています。ちなみにパソコンでのデザインを主とする場合は、パソコンのブラウザ全体の横幅を「100vw」とします。パソコンのブラウザの横幅が「1000px」、文字サイズを36pxにしたい場合は、36 ÷ 1000 × 100 ＝ 3.6vwとなります。

Let's Try 「h1の見出しサイズ」を指定しよう

・P137のコードの11〜12行目を以下コードに入力しなおします。

```
2        <h1>ヨガスタジオOPEN!月額2,500円</h1>
```

・【パソコン用】前ページで入力した@mediaの前に以下のCSSコードを追加します。

```
3    h1 {
4        font-size: 36px;
5    }
```

・【スマホ用】前ページで入力した@mediaの間に以下のCSSコードを追加します。

```
6    h1 {
7        font-size: 3.6vw;
8    }
```

パソコンの場合

ヨガスタジオOPEN!月額2,500円

スマホの場合

ヨガスタジオOPEN!月額2,500円

　左のCSSは、最初の「h1」はデザインのベースとしているパソコン用。2つめの「h1」は、画面幅が600p以下の端末（スマホ）用です。

　このようにベースのデザインを基準にして、他の画面幅用のデザインを@mediaを使いながら微調整していきます。

※ブラウザでレスポンシブデザインを表示する方法は、P192の端末別チェック方法をご覧ください。

　レスポンシブは文字サイズだけではなく、レイアウトを変えることもできますし、パソコンとスマホで画像を切り替えることも可能です。

　この技術が、ホームページ制作などのセールスで「スマートフォン対応○○万円！」「レスポンシブ対応○○万円！」と掲載されているサービスの内容です。こんなことをやっているのです。

15日目 2/7 【課題9】 ヨガスタジオのネット広告作成

9回目の課題です！わからないことがあったら、「ヒント」を参照したり、これまで学んだページを見直そう！

課題の内容

前回の課題に続き、ヨガスタジオのネット広告をレスポンシブにしてみよう。

素材

【課題8】（P174）で保存したファイル「yoga-studio-lp.html」と「style.css」をエクスプローラー(Macの場合はFinder)で保存場所から見つけ、テキストエディタで開いて課題の準備をします。

STEP1 レスポンシブ対応するための準備をする

・HTML（yoga-studio-lp.htmlに入力しましょう）へviewportの部分（3行目）を入力します。

```
1   <head>
2     <meta charset="UTF-8">
3     <meta name="viewport" content="width=device-width, initial-scale=1">
      :
4   </head>
```

・CSS（style.cssに入力しましょう）の最下行に入力します。

```
1    @media screen and (max-width:600px) {
2    }
```

ヒント

「@」を忘れないようにしましょう

STEP2 スマホでわかりやすい文字サイズにする

・CSS（style.cssに入力しましょう）の@mediaの{と}の間に入力します。

```
3    body {font-size: 1.6vw;}
4    h1 {font-size: 3.6vw;}
5    a {font-size: 5.0vw;}
```

STEP3 画像サイズを調整する

・CSS（style.cssに入力しましょう）の@mediaの{と}の間に入力します。

```
6    img {max-width: 100%;}
```

STEP4 会員様の声の回り込みを解除して縦に表示する

・CSS（style.cssに入力しましょう）の@mediaの{と}の間に入力します。

```
7    .cv-contents figure {float: none; max-width: 200px;}
```

ここまでできれば「yoga-studio-lp.html」と「style.css」を保存します。
P184と同じように保存したファイルを見つけます。そしてブラウザで「yoga-studio-lp.html」のファイルを表示します（ブラウザでレスポンシブデザインを表示する方法は、P192の端末別チェック方法をご覧ください）。

答え合わせ

PC　　　　　　　　　　　　　　　スマホ

課題9の正解コード

・HTML

P178〜179【課題8】の正解コードに3行目を追加。

1〜2行目、4〜6行目は変更ありませんが、わかりやすいよう残しています。

```
1   <head>
2     <meta charset="UTF-8">
3     <meta name="viewport" content="width=device-width, initial-scale=1">
4     <title>ヨガスタジオOPEN</title>
5     <link href="css/style.css" type="text/css" rel="stylesheet">
6   </head>
```

・CSS

P178〜179【課題8】の正解コードに以下を追加

```
1    @media screen and (max-width:600px) {
2      body {font-size: 1.6vw;}
3      h1 {font-size: 3.6vw;}
4      a {font-size: 5.0vw;}
5      img {max-width: 100%;}
6      .cv-contents figure {
7        float: none;
8        max-width: 200px;
9      }
10   }
```

15日目 3/7 デザインで知っておきたいこと

ここまでCSSを使ったデザインについて学んできたけど、3つのポイントで見栄えと手間が大きく変わるよ!

知っておきたいデザインの3つのポイント

ランディングページのデザインは、クライアントから下書きを提供してもらうことが多いです。それを見て作り進めていきますが、次のポイントに注意すると見栄えと手間が変わります。

端を揃える

画像や文章を並べるような場合、上下左右のどこかの端を揃えるとキリッとした印象になります。

中央で揃えるときに見落とさない

画像や文章を横方向に中央揃えするとき、箇条書きやお客さまの声など一部分だけが左揃え、売り手の署名部分だけ右揃えの指定になっていることがあります。細かな部分ですが、最初に確認しておきましょう。

完璧を目指さない

ランディングページはパソコン、スマホ、タブレットなど、さまざまな機種で見られます。そのためすべての画面でまったく同じデザインを再現することはできません。8割同じようなデザインを目指しましょう。その後、画面サイズごとの対応を行いましょう。

15日目 4/7 シンプルなデザインを目指す

どんなデザインにしようか迷ったら、Appleのサイトを参考にしよう！

誰が見てもわかるように。余白も有効活用する

　ランディングページを作るようになると、他にもホームページやブログを作りたくなります。

　そんなとき、これまで身につけたテクニックを全部使ってしまいたくなります。でもちょっと待ってください。

　デザインするページは誰が見るのでしょうか？　自己満足のためにテクニックを使うと、ページを見る人からするとわかりにくくなることが多いものです。

　そこで、デザインを考えるときには「Apple」のサイトを参考にしてもらいたいと思います。白ベースでシンプルなキャッチコピーと製品の画像。

　誰が見えても迷うことはありません。そして、余白が多いことで高級感があり、ブランドの価値が高く見えるようになっています。シンプル・イズ・ベストがWebデザインの目指すところです。

　もしあなたが今回の話がきっかけになり、デザインについてもっと知りたいと感じられたなら『ノンデザイナーズ・デザインブック』（Robin Williams著/マイナビ出版）がおすすめです。デザインについての基礎がしっかりと学べます。

15日目 5/7 カラーコードについて

色を指定するときの効率的な方法について解説するよ!

　ランディングページを含むWebページで一度も色を指定しないことはありません。そこで色を指定する方法である**「カラーコード」**を学んでおきましょう。

カラーコード(色名)を指定する3つの方法

❶ 色名　(例：h1 {color: red;})
❷ 10進のRGBA　(例：h1 {color: rgb(255,0,0,0);})
❸ 16進のコード　(例：h1 {color: #FF0000;})

　使うことが多いのは❸の16進のコードです。ただ、どの色がどのコードになるのかわからないかと思います。
　そこで覚えようとはせず、次のサイトを活用させてもらいましょう。

▶ **原色大辞典**（http://www.colordic.org/）

　色名と16進コード、そして実際の色見本がありますので、見てすぐ使いたいコードがわかります。

15日目 6/7 透過画像について

第4章 思わず読んでしまうような「デザイン」にしよう！

背景が透けて見える画像の知識を身につけよう！

ランディングページを作るとき、画像をあちこちに差し込んで行くことがあるでしょう。そのとき、渡された画像によって次のようなものがあります。

1 背景が透明でない画像

白い壁に絵が描かれた状態と同じです。絵のない部分でも壁の向こう側は見えません。

2 背景が透明の画像

ガラスに絵が描かれた状態と同じです。絵のない部分は透明ですからガラスの向こう側が見えます。半透明（スリガラス）のような場合もあります。このような画像を「透過画像（とうかがぞう）」と呼びます。

普通の画像は
背景が透けません

透過画像は
背景が透けて見えます

2つの違いは画像の作成方法で変わってきます。渡された画像がどちらなのかを確認し、背景が透明でない画像を渡されたのに、背景が透けるデザインの要望があった場合には「透過画像を用意してください」と伝えましょう。

15日目 7/7 PC、スマホ、タブレットでチェックする

それぞれのデバイスでチェックする方法を解説するよ!

　レスポンシブデザインを行った場合、パソコンやスマホ、タブレットそれぞれの端末で「どのように見えるのか」をチェックしておくことが必要です。「パソコンでは正しく見えているのに、スマホだとはみ出していた」といったこともあり得るからです。

でも、すべてのデバイスを揃えるのは大変

　会社ならすべてのデバイスを揃えてチェックすることもできますが、会社でない場合はちょっと難しいです。
　そこでパソコンのブラウザ「Google Chrome」を使うことで100%ではありませんが、かなり近い状態までチェックすることができます。

Google Chromeでチェックする方法

　まずChromeを起動します。Chromeの画面の上で右クリックします（Macの場合は[control]を押しながらクリック）。
　メニューが表示されますので、そこから「検証」をクリック。すると画面が分割されます。これは、ただのブラウザから開発者ツールに変身したことを意味します。
　分割した画面の左上にスマホとタブレットをイメージしたアイコンを見つけ

192

てクリック。左側の画面がスマホサイズの表示に変わります。

さらにWebページを表示している画面上の「Responsive」というメニューを選ぶと、代表的なデバイスを選ぶことができます。

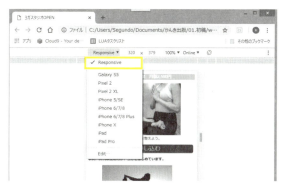

あとはスマホでもうまく表示されるようにCSSの微調整、Webページを画面で確認。これを繰り返すことでレスポンシブデザインが完成します。

15日目のまとめ
- ☐ レスポンシブは必須である
- ☐ パソコンまたはスマホどちらかをベースにして調整する
- ☐ 一つひとつ調整することが大事

column 3

知っておくと便利！
画像・イラスト作成ツール

　ランディングページを作っていると、自分でも画像やイラストを作ってみたくなると思います。

　一番に思いつくのはアドビ社の「Photoshop」「Illustrator」というソフトウェアですが、値段であきらめる方も多いでしょう。

　そこでフリーライセンスのツールを使ってみましょう。Windows、Macどちらでも動きますので大変便利です。

GIMP（ギンプ）画像編集・加工ソフトウェア

　1996年に公式リリースされて以来、何度もバージョンアップを繰り返しているアプリです。Photoshopの代わりに使ってみましょう。

▶ https://www.gimp.org/

Inkscape（インクスケープ）ドローソフトウェア

　2003年のリリースからバージョンアップを繰り返し、GIMPに近い画面となったことで操作性も向上しています。Illustratorの代わりに使ってみましょう。

▶ https://inkscape.org/ja/

　それぞれの使い方はネットで調べると出てきますが、使い方を説明した書籍も販売されています。はじめのうちは手元に書籍を用意した方が使いやすいと思います。

第 5 章

「動き」をつければ、
グッと
完成度が上がる！

16日目 1/6 JavaScriptとは

第3、4章で解説したHTMLとCSSは「マークアップ言語」と呼ばれるもの。ここからは本格的に「プログラミング言語」を学んでいこう！

JavaScriptとは

　プログラミング言語のなかではじめやすく、ランディングページに活用できるのがJavaScript（ジャバスクリプト）です。
　JavaScriptは、Webで表示されているページに動きをつけることができます。例えば、「郵便番号を入力すると自動的に住所を表示してくれる」「ボタンをクリックすると一瞬で商品画像を変更してくれる」などです。あなたもネット通販ショップなどで一度は体験されたことがあるでしょう。

　またJavaScriptはブラウザに組み込まれている言語の一つなので、ランディングページを作ったのと同じように、**ブラウザとテキストエディタがあれば、WindowsでもMacでも関係なく、すぐに学習をスタートすることができます**。そして簡単に学習して使えるにも関わらず、エクセルやワードを操ったり日々の業務を自動化するために使ったりすることができるため、Webページで利用するだけではなくビジネスシーンにおける仕事の自動化を目的とした使い方も行われています。
　JavaScriptを学ぶきっかけを得ることで、AIやIoT時代に必要となる「自動化」へ対応するスキルを身につけるスタート地点に立つことができるでしょう。

プログラミング言語を学ぶためのポイント

　JavaScriptを学ぶときのポイントは、**「とにかく動かしてみる」**こと。プログラミングと聞くと論理的思考や理論を優先しがちですが、最初は動かしてコンピュータの癖を知ることが大切なのです。

　人間のように融通の利かないコンピュータという相手を「なだめすかして」、相手が正しく理解できるようにかみ砕いて、私たちが一歩ずつ寄り添って進めていくという感覚が必要です。

　本当に「手取り足取り」という言葉が適切だと私は感じます。1度細かなことまで教えると（プログラミングすると）、2度目から同じことをするのは得意です。でも、1度目が大変なのです。

「プログラムは面倒なヤツ」ではなく「自分が会話して育てる」という気持ちをもつと、プログラミングを通してコンピュータと仲良くなれるようになります。

　もっとAIが進化すれば、人間の曖昧な「こうあってほしい」を感じて先回りしてくれる未来がやってくるかもしれません。しかし、それはまだ先のことです。いまはまだ私たち人間がコンピュータに手取り足取り細かく、プログラムというコンピュータが理解できる言葉を使って話しかけることが必要です。

　次のページでは、ややこしい理論をお話する前に、とにかく動かしてみましょう。

16日目 2/6 計算をしてみる

「JavaScriptがどういう言語なのか?」ということは、とにかく動かしてみるとわかる! ここでは簡単な計算をしてみよう!

JavaScriptのサンプル準備をする

テキストエディタで新規ファイルを開き、以下のHTMLの内容を入力してみましょう。

```
1  <!DOCTYPE html>
2  <html lang="ja">
3  <head>
4    <meta charset="UTF-8">
5    <title>JavaScriptのサンプル</title>
6    <script>
7      window.alert("計算結果は" + (2 * 3 + 5));
8    </script>
9  </head>
10 <body></body>
11 </html>
```

入力が完了したらエディタから「ドキュメント/yogalp/js-sample.html」というファイル名を付け、文字コードに「UTF-8」を選んでいるかを確認してから保存します。

先に保存したファイルを選びブラウザで表示してみましょう。
ダイアログボックスに「計算結果は11」と表示されたはずです。

たった1行のプログラミング

「window.alert("計算結果は" + (2 * 3 + 5));」
正しく実行されて動かすことができました。このように、プログラミングとは難しく考えて使うものではなく、動かしながらあれこれと調整していくものなのです。

※本書の内容を学ぶ中で下のようなメッセージが表示された場合には、許可を選んでください。

16日目 3/6 JavaScriptはどこに書けばいいの？

JavaScriptが動いている場所、書く場所を知ろう！

　JavaScriptを書く場所には2つあります。それぞれの特徴を知り、使い分けていきましょう。

① HTMLの<head>～</head>部分に書く

　HTMLの中でコンピュータに理解させる情報がある<head>部分。この部分に<script>～</script>タグを追加することでページごとに有効なJavaScriptを指定することができます。

例）ページを表示するといきなりメッセージが表示される

```
1  <!DOCTYPE html>
2  <html lang="ja">
3  <head>
4    <meta charset="UTF-8">
5    <title>JavaScriptのサンプル</title>
6    <script>
7      alert("ヨガスタジオへようこそ！");
8    </script>
9  </head>
10 <body></body>
11 </html>
```

❷ 外部ファイルに書く

複数のHTMLページでJavaScriptの内容を使い回したい場合、また、HTMLとプログラムを分割したい場合にも使います。最近はHTMLページの内容が大きくなることも多いので、外部ファイルに書くことが増えています（詳細は次項）。

例）ページを表示するといきなりメッセージが表示される

HTMLファイルから外部JavaScriptファイル「lpjs.js」を読み込む

・**外部に置かれたJavaScriptファイル：保存場所「js/lpjs.js」**

```
1  alert('ヨガスタジオへようこそ!');
```

・**HTML**

```
1  <!DOCTYPE html>
2  <html lang="ja">
3  <head>
4    <meta charset="UTF-8">
5    <title>JavaScriptのサンプル</title>
6    <script type="text/javascript" src="js/lpjs.js"></script>
7  </head>
8  <body></body>
9  </html>
```

ブラウザで表示された結果

16日目 4/6 外部ファイルを活用しよう

外部ファイルを使うと便利な理由、外部ファイルの作り方を解説するよ！

外部ファイルとは

前項「JavaScriptを書く2つの場所」でもふれましたが、複数のランディングページから同じJavaScriptの処理を使い回したい場合には、JavaScriptの内容だけを外部ファイルにしておくと大変便利です。

外部ファイルの作り方

HTMLの中でJavaScriptを書き込む場合、<script>〜</script>を使っていましたが、**外部ファイルには必要ありません**。直接JavaScriptの内容を書き込みます。

注意点は、JavaScriptの外部ファイルを保存するときには、**ファイルの拡張子に「.js」を指定すること**。この指定をすることでJavaScript専用のファイルとなります（保存するときの文字コード「UTF-8」にも注意しましょう）。

外部ファイルの読み込み方

HTMLに以下の指定を入れます。

```
<script type="text/javascript" src="外部ファイルの場所とファイル名"></script>
```

外部ファイルを指定して使う方法

JavaScriptに以下の指定を入れます。

`alert("ヨガスタジオオープン!");`

※上記の内容を「yoga.js」としてjsディレクトリへ保存します。

HTMLに以下の指定を入れます。

`<script type="text/javascript" src="js/yoga.js"></script>`

※HTMLの中から「js」ディレクトリに置かれている「yoga.js」を読み込みます。

ブラウザで表示された結果

Point

外部ファイルの読み込みを書く場所は、<head>〜</head>の間に書くことが一般的でしたが、最近の流行としては<body>タグを閉じる直前に書くのがよいとされています。

※本書の「Let's Try」「課題」では、手軽にJavaScriptプログラミングを体験していただくために外部ファイルを使わず、HTMLの<head>〜</head>の部分へ直接書き込むようにしています。しかし、これだけでは外部ファイルを使う体験ができませんので、「画面トップへ戻る（18日目の2/4）」にて外部ファイルを実際に使う「Let's Try」を用意しています。

16日目 5/6 JavaScriptで使う10の基礎項目

これから学ぶプログラミングの基礎を説明するよ!

　ランディングページを作っていくうえで、最低限覚えておいてほしいJavaScriptの基礎項目をここから紹介していきます。
　ここですべて覚えるのは難しいと思いますので、今の段階では「こういうものがあるんだ」と思って見てみてください。

JavaScriptで使う10の基礎項目

- ▶ alert　メッセージを表示して伝える
- ▶ var　もっと自由にプログラミングする
- ▶ =　情報を入れ替える
- ▶ if〜else〜　条件が一致しているか判断する
- ▶ +　たし算する
- ▶ -　引き算する
- ▶ *　かけ算する
- ▶ /　わり算する
- ▶ function：いつもの仕事をまとめておく
- ▶ <script>〜</script>：あちこちで使い回す方法

全部覚えようとしなくてOK!

JavaScriptのようなプログラミングの書き方をすべて暗記しようとしても無理があります。

まずはしっかりと基礎を理解し、必要なことが出てきたときはインターネットで検索しながらできることを積み重ねるのが挫折せずに続けられる方法です。

JavaScriptだけに限らず、プログラミングを独学でマスターしようとする人にありがちなのですが、これまで私たちが身につけた学習方法である「暗記」を優先してしまう傾向があります。

例えば、試験勉強のためにプログラミングを学習するのなら「暗記」は最適な結果をもたらしてくれます。

しかし、実践でプログラミングを行うために学習する場合、試験のように問題が出てくる範囲に決まりはありませんので、すべてのことを暗記するのは無理なこと。

そこで私が現場経験から身につけた方法は、「基礎部分だけをできるだけ暗記できるくらいまで覚える」「それ以外のことはインターネットで調べる」というもの。

多くの場合、基礎部分以外のことが必要になる頻度は高くありません。半年に1回くらいしか必要ないことを暗記するより、普段から何度も使うことを暗記したほうが楽だと思っています。

まれに必要になることは、その情報が「どこのページにあったのか」をイメージで覚えておき、必要なときはそこから引き出すくらいがいいでしょう。

16日目 6/6 メッセージを表示して伝える

JavaScriptのなかでも重要度が高い「アラート表示」の方法を覚えよう！

アラート表示が必要な理由

アラート表示は、主に以下の用途で使われます。

▶ ランディングページを見ている人へ大切なメッセージを伝えるとき
▶ 入力が必要な項目なのに入力し忘れているとき
▶ JavaScriptでプログラムを書きうまく動かないとき（どこで間違っているのかを突き止めるため）

アラートを指定するJavaScriptの命令

alert(表示したいメッセージ);

※「表示したいメッセージ」が文字の場合は「""(ダブルクォーテーション)」または「''(シングルクォーテーション)」のどちらかで文字の前後を囲みます。**数値のみの場合は囲む必要はありません。**

Let'sTry 「アラート」を指定してみよう！

　P198の6〜8行目を以下のコードに入力しなおし、ブラウザで確認してみましょう。

```
1  <script>
2  alert("こんにちは"); //文字なので「"」で囲みます
3  alert(1 + 2 + 3); //数値を計算した結果「6」が表示されます
4  alert(5 + "月"); //数値と文字を結合し「5月」と表示されます
5  </script>
```

Point
上のコード内の「//」を含んだ右側は「コメント」と呼びます。プログラムが何をしているのかを自分用に記録したり、他の人に伝えるために書き込んだりしています。

ブラウザで表示された結果

3つのメッセージが順に表示されれば成功です。

16日目のまとめ

- ☐ JavaScriptは最も簡単にはじめられるプログラミング言語である
- ☐ JavaScriptは私たちが使っているブラウザ側で動いている
- ☐ アラート表示を使うシーンは多いので覚えておこう

17日目 1/5　これさえ乗り越えれば初心者脱出!?

初心者が苦戦しがちな「変数」と「代入」を解説するよ! 慣れない考え方だと思うけど、ゆっくり読み進めていけば大丈夫!

「変数」の大まかなイメージをつかもう

変数とは、中身を変えることができる便利な「箱」です。あるときは「文字」、またあるときは「数値」を入れておくことができます。そして箱があると、中身を別の場所へ運ぶことができます。

……という説明を聞いて理解できたでしょうか? かなり難しいですよね。
実は、プログラミングを初めて学ぶ方にとって、最初にぶつかる壁が「変数」です。

どうして変数はわかりにくいのかというと、日頃使うことがないからです。
自販機でジュースを買うとき「変数がね」なんて言いません。コンビニに入ってスイーツを買うとき「今日の変数がさ〜」なんて絶対に使いません。だからイメージしにくいのです。
でも、プログラミングをはじめるためには「変数」を理解する必要があります。なぜなら、**プログラムの中では次々と情報が変化していくからです。**
例えば、1＋1＝2、2＋3＝5、5＋12＝17というように計算を繰り返すと、情報は変化していきます。そして、変化していく内容を使うため一時的に保存する箱の役割をするのが「変数」なのです。

変数のイメージ図

変数			
2	=	1	+ 1

変数		変数	
5	=	**2**	+ 3

変数		変数	
17	=	**5**	+ 12

変数はこうやって考えると理解しやすい!

でも、まだわかりにくいですね。そこで変数を私たちの生活の中から見ていきましょう。

あなたは自販機の前にいます。自販機の中には左から順に「冷たい缶コーヒー」「炭酸飲料」「温かいお茶」の3つが入っています。

現在の「気温は25℃」。あなたは暑さを感じ「スッキリしたい気分」だったので炭酸飲料を選びました。

別の日、同じ自販機の前にいます。同じように3つのドリンクが入っています。現在の「気温は2℃」。あなたは寒さを感じ「ほっこりしたい気分」だったので温かいお茶を選びました。

さて、この2つの例の中で変わらないものが2つあります。

1つは自販機。2つ目は自販機の商品ラインナップ。この2つが同じなのにあなたが選んだドリンクは違っています。どうしてでしょうか?

その理由は「気温」と「気分」の2つが変化したからです。

　ここでの「気温」「気分」が変数（変わる数＝変わる値）と呼ばれる箱の役割をします。

代入とは

　変数という箱に中身を入れること、入れた中身を別の箱へ移動させることを **「代入」** と呼びます。先ほどの気温と気分の例で見るとわかりやすいでしょう。

▶「気温」という変数に、"25℃"と代入する。
▶「気分」という変数に、"スッキリしたい"と代入する。

　同じ変数（箱）へ別の日には

▶「気温」という変数に、"2℃"と代入する。
▶「気分」という変数に、"ほっこりしたい"と代入する。

変数（箱）は変わっていません（いつでも気温と気分です）が、状況によって中身は変化しています。

なぜ変数が必要なの？

どうして、このようなわかりにくい変数がプログラミングには必要なのかというと、**プログラムとは同じ仕事の流れを違った値で何度も繰り返すことが得意だからです。**

もし変数がなければ、気温や気分に細かく合わせたプログラムをそれぞれ作ることになります。2℃でほっこり用のプログラム、2℃でスッキリ用のプログラム、37℃でほっこり用のプログラムというように。

しかし、これでは大変な労力がかかります。
また、エンジニアはいわば「面倒くさがり屋」なので、同じようなことを何度もするのが大嫌い。そこで1つのプログラムで広い範囲をカバーするために変数を上手に使うことが必要になるのです。

ランディングページで変数が使われるシーン

また、変数がランディングページのどの部分に使われることが多いのかというと、以下のとおりです。

▶ ランディングページ上で計算させたい
▶ ボタンやリンクをクリックしたとき特別な動きをさせたい
▶ 入力された内容を正しいかどうかチェックさせたい

変数を指定するJavaScriptの命令

var 変数名;

varとは「variable（変数）」の略です。プログラムの中で「一時的に情報を保存するための箱（変数）を使います！」と知らせるための命令です。varを使って変数を指定することをプログラミングの世界では「宣言」と呼びます。varで宣言する変数名には半角英数字が使えます。1文字目は英文字から始めます。

代入を指定するJavaScriptの命令

変数名 = 値;
変数 = 変数;

※「値」とは、先ほどの「気温」と「気分」の例を使うと「25℃」「スッキリしたい」、「2℃」「ほっこりしたい」です。変数と呼ばれる箱の中へ入れる情報のことですね。

※「変数＝変数;」とは、イコール右側の変数の中身を、イコール左側の変数の中身として移しているところを表しています。

変数　　＝　　変数;

Let'sTry 「変数の宣言と代入」を指定しよう

P198の6〜8行目を以下のコードに差し替え、ブラウザで確認してみましょう。

```
1  <script>
2  var num; //変数名「num」を宣言
3  var str; //変数名「str」を宣言
4
5  num = 5; //変数名「num」へ数値の「5」を代入
6  str = "月発売!"; //変数名「str」へ文字を代入
7
8  alert(num + str); //「5月発売!」のメッセージが表示される
9  </script>
```

ブラウザで表示された結果

上図のように表示されたら成功です。

> Point
>
> numはnumber（数字）、strはstring（文字）の略。変数名として「何が入っているのか」がわかりやすいようにしているよ。

17日目 2/5 条件が一致しているか判断する

前項で学んだ変数と代入の知識を生かして、条件判断を指定してみよう！

条件判断とは

　変数（箱）の中身が条件に一致しているか、一致していないかによって計算したり表示したりする動き（これを「処理」と呼びます）を変えることができます。列車が走る線路を切り替える「ポイント」のようなイメージです。

　前項で取り上げた「気温と気分」を例にして見てみましょう。

　自販機の例なら、変数「気温」「気分」の中身によって電車の線路が切り替わり行き先が変化するように、あなたが買う物も切り替わっていきます。

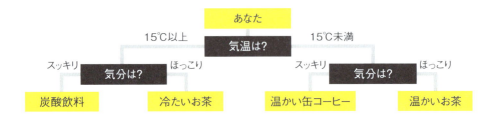

条件判断を指定するJavaScriptの命令

if (条件式) { 処理 }

※条件式に一致している場合は処理を動かします。

if (条件式) { 処理1 } else { 処理2 }

※条件式に一致している場合は処理1を、一致していない場合は処理2を動かします。また、条件式には代表的な比較の書き方があります。

▶ AとBが等しい→「==」（イコールを2つつなげます）
▶ AがBより大きい→「>」　　▶ AがBと同じか大きい→「>=」
▶ AがBより小さい→「<」　　▶ AがBと同じか小さい→「<=」

Let'sTry 「条件判断」を指定しよう

P198の6〜8行目を以下のコードに差し替え、ブラウザで確認してみましょう。

```
1  <script>
2  var num; //変数名「num」を宣言
3  var str; //変数名「str」を宣言
4
5  num = 5; //変数名「num」へ数値の「5」を代入
6  str = "月発売!"; //変数名「str」へ文字を代入
7
8  if ( num >= 6 ) { alert("上半期発売!"); }
9  else { alert("下半期発売!"); }
10 </script>
```

ブラウザで表示された結果

左図のように表示されたら成功です。

17日目 3/5 計算の基本を覚えよう!

ランディングページでもさまざまな場面で使われる四則演算の指定方法を解説するよ!

四則演算とは

　たし算(加算)、引き算(減算)、かけ算(乗算)、わり算(除算)を行うことです。プログラミングでは必ず「計算」という処理が登場しますので、使うことが多い基本的な4つの方法を覚えておきましょう。

　またランディングページの場合、「誕生日から年齢を求める」「消費税を求める」「BMI値を求める」など、紹介する商品やサービスに関連することや、少しの手間で入力できるサポートのために計算を使うことがあります。

四則演算を指定するJavaScriptの命令

　　　加算　→　+(プラス)　　　減算　→　-(マイナス)
　　　乗算　→　*(アスタリスク)　除算　→　/(スラッシュ)

※乗算と除算は普段の計算で使う記号と違っていることに注意しましょう。

Let'sTry 計算しよう

　P198の6〜8行目を以下のコードに入力しなおし、ブラウザで確認してみましょう。

```
1  <script>
2  var num; //変数名「num」を宣言
3  var calc; //計算結果を代入する変数名「calc」を宣言
4  num = 10; //変数名「num」へ数値の「10」を代入
5
6  calc = num + 5; // 10 + 5を行う
7  alert(calc); // 15が表示される
8
9  calc = num - 5; // 10 - 5を行う
10 alert(calc); // 5が表示される
11
12 calc = num * 5; // 10 * 5を行う
13 alert(calc); // 50が表示される
14
15 calc = num / 5; // 10 / 5を行う
16 alert(calc); // 2が表示される
17 </script>
```

ブラウザで表示された結果

上のように表示されたら成功です。

17日目 4/5 繰り返す処理はまとめよう

同じことを何度も繰り返すことの多いプログラム。使う都度、最初から準備するのは大変。そこでよく使う処理をまとめて用意しておくんだ。これを「関数」と呼ぶぞ!

関数を指定するJavaScriptの命令

function 関数名(引数) { 処理 }

▶ 関数名には半角英数を使います。先頭は小文字から始めます。
▶ 引数とは、関数に「これお願い」と渡される元情報です。渡される情報がない場合は省略できます。複数ある場合は「,」でつなげます。
　例えば職場なら「関数=経理」とすると、「これお願い」とあなたが渡すのは経費にしたい伝票です。伝票が複数枚あれば、一度につなげて渡していると思います。前もって承諾済みの話しなら、渡す情報がなくても大丈夫ですよね? この場合は省略可能ということです。
▶ 括弧「()」と中括弧「{}」の使い方に注意しましょう。どちらも括弧の閉じ忘れがよく起こります。

Let'sTry 「関数」を指定してみよう!

　P198の6〜8行目を次のJavaScriptコードへ入力しなおします。P198の10行目、<body>〜</body>の間にHTMLコードを入力し、保存したらブラウザで確認してみましょう。なお、onclickにはボタンがクリックされたときに動く関数を指定します。

・JavaScript

```
1  <script>
2  function mAlert() {
3    alert("ヨガスタジオオープン!");
4  }
5
6  function cAdd(p1, p2){
7    alert(p1 + p2);
8    mAlert();
9  }
10 </script>
```

・HTML

```
1  <input type="button" value="計算1" onclick="cAdd(10, 5)">
2  <input type="button" value="計算2" onclick="cAdd(2, 30)">
3  <input type="button" value="表示" onclick="mAlert()">
```

ブラウザで表示された結果

上のように表示が進めば成功です。

17日目 5/5 JavaScriptで使う3つの実践項目

これから学ぶプログラミングの実践テクニックを説明するよ！

　ここからはランディングページを作っていくうえで、最低限必要になる実践的な機能を紹介していきます。

JavaScriptを実践で使う方法を学ぶ

▶ 計算はプログラミングの入り口
▶ 画面のトップへ戻る方法
▶ Googleアナリティクスで分析する

　特に「Googleアナリティクスで分析する」は、ほとんどのケースで必須だと言っても良いでしょう。

JavaScriptの実践的な使い方は2つある

　JavaScriptの実践的な使い方には2つの方法があります。
　1つは、自分ですべての処理（やりたいこと）をプログラミングする方法です。これは20年前までは「当たり前」の考え方でした。
　しかし現在は、すべてをプログラミングすることはあまりありません。
　それが2つ目の方法、誰かが用意してくれているものを利用するという方法です。

これからお伝えする実践的な3つの項目のうち
▶「計算はプログラミングの入り口」は自分ですべてプログラミングする方法です。
▶「画面のトップへ戻る方法」「Googleアナリティクスで分析する」は、誰かが用意してくれているものを利用するためにプログラミングする方法です。

ここからは、2つの方法を体験から学んでいきましょう。

> **17日目のまとめ＆テスト**
>
> ☐ 変数とは変化する情報(値)を大切に保管する箱である。
> ☐ 変数には情報を放り込む(入れる)動作として「代入」が存在する。
> ☐ 変数の中身によってやること(処理)を切り替える方法を条件判断と呼ぶ。
> ☐ プログラミングの基本は四則演算である。
> ☐ 同じ処理は「関数」にまとめて何度も使い回すのが理想。
>
> 例）自販機に3つのドリンクが並んでいます。
> 　　左から、エナジードリンク。微炭酸の乳酸飲料。缶のアイスコーヒー。
> 　　5月のある日の気温は24℃、あなたの気分は「眠くて仕方なし」。このときに買ったのは「缶のアイスコーヒー」。
> 　　8月のある日の気温は35℃、あなたの気分は「暑すぎてやる気なし」。このときに買ったのは「エナジードリンク」。
> 問題1：上の例から変数を3つ書き出してみてください。
> 問題2：上の例から、3つの変数へ8月の情報を代入してみてください。
>
> 問題1の解答：月、気温、気分
> 問題2の解答：月＝8、気温＝35℃、気分＝暑すぎてやる気なし

第5章 「動き」をつければ、グッと完成度が上がる！

18日目 1/4 簡単な計算をしよう

前で学んだ四則演算の方法を使って実際に計算をしてみよう。

　計算することはプログラミングの一歩をわかりやすく踏み出す体験です。また、ボタンをクリックすることで、JavaScriptを使い計算が自動的に行われる仕掛け（これがプログラミングです！）を一緒に体験しておきましょう。
　それではまず「A×2＝B」という簡単なプログラミングをしていきます。

HTMLの入力タグ

　式を完成させるためには入力項目が必要です。そこでHTMLの入力項目となるタグを紹介します。

<input type="text" name="項目の名前">

※nameには「何を入れるのか」イメージしやすい名前がおすすめ。

HTMLのフォーム部品をまとめるタグ

　入力項目やボタンなど「フォーム部品」と呼ばれるものは、関連する項目をまとめておく必要があります。
　そこで関連のある部分の前後を<form>〜</form>で囲んでまとめます。

<form name="calcF">〜</form>

※nameには部品をまとめるフォームの名前をつけます。
　今回は「計算する(Calc)フォーム(Form)」ということで「calcF」と名付

けました。このように「何をする部分なのか」がわかる名前を付けておくと、あとから見てもわかりやすくなります。

Let'sTry HTMLのフォーム部品をまとめよう

　P198の6～8行目を次のJavaScriptコードへ入力しなおます。P198の10行目、<body>～</body>の間にHTMLコードを入力し、保存したらブラウザで確認してみましょう。

・JavaScript

```
1   function fncCalc() {
2     document.calcF.B.value = eval(document.calcF.A.value) * 2;
3   }
```

※documentとは、表示されるページ全体を表しています。valueは、入力項目の値を表しています。「document.calcF.A.value」は、ページ全体の中のcalcFという中にまとめられた、Aという項目の値(value)を意味します。

・HTML

```
1   <form name="calcF">
2     <input type="text" name="A">×2
3     <input type="button" value="計算" onclick="fncCalc()">
4     <input type="text" name="B">
5   </form>
```

ブラウザで表示された結果

　上のように10を入力し計算ボタンをクリックして答えが20と表示されたら成功です。成功したら10を入力した項目に別の数字を入れて計算してみましょう。

18日目 2/4 「画面トップへ戻る」指定をしよう

ランディングページを見ていると、下部に「トップに戻る」というボタンがあるよね。今回はこれの指定方法を解説するよ！

ランディングページを流し読みするなかで気になる部分があったとき、読者はトップへ戻り最初から読み直したいと考えます。そこで**スクロールしなくてもトップへ戻れる仕組み**が必要になります。

「JavaScript トップへ戻る」で検索すると、さまざまな方法が出てきますが、その中でも今回の方法は一番簡単です。**「JavaScript」**をゴリゴリ書いて作られた高機能ライブラリー「jQuery(ジェイクエリー)」というものを使います。

Let'sTry トップへ戻るjQueryを指定しよう

HTMLに以下の指定を入れます。

P198の10行目、<body>〜</body>の間にHTMLコードを入力。P198の6〜8行目を下のJavaScriptコードへ入力しなおし保存したらブラウザで確認してみましょう。

・HTML
1　なぜ、ホットヨガ。
忙しいあなたもスキマ時間に通えます!
2　当日予約もOK!朝から晩までいつでもレッスン。

3　未経験から始めて、今では姿勢も良くなったと周りから言われます。
4　<p id="page-top"><a href="#">TOPへ戻る</a></p>

ＪａｖａＳｃｒｉｐｔ（その１）。

```
1    <script src="https://ajax.googleapis.com/ajax/libs/jquery/1.10.2/
     jquery.min.js"></script>
```

※Googleが提供しているゴリゴリ書かれたJavaScriptのライブラリー「jQuery」を外部ファイルとして読み込みます。

ＪａｖａＳｃｒｉｐｔ（その２）。

```
2    <script>
3    $(function() {
4      $("#page-top a").click(function() {
5      //↑id="page-top"がクリックされたら
6        $('html,body').animate({scrollTop: 0}, 'fast');
7      //↑fast(最速)で、トップへスクロール
8        return false;
9      });
10   });
11   </script>
```

※「fast」の部分を数値にすると、ミリ秒単位（1秒＝1000ミリ秒）に移動するスピードを変えられます。

ブラウザで表示された結果

クリックするとトップへ戻ります

上図のように表示が進めば成功です。

18日目 3/4 Googleアナリティクスで分析する

Googleアナリティクスで分析できるようにしよう。

　ランディングページを公開すると、どれだけの人が見てくれているのか、次の行動へ進んだのかなど、実測値を集めて分析することになります。そこでGoogleが提供する分析コードを組み込む必要が出てきます。

GoogleアナリティクスのJavaScript

　GoogleアナリティクスのJavaScriptコードは、クライアントから提供してもらうことになります。**依頼を受けた際には「Googleアナリティクスのコード（別名：「トラッキングコード」）を入れますか」と確認しておきましょう。**

GoogleアナリティクスのJavaScriptを取り入れる方法

　\<head\>〜\</head\>の間に入れます。**\<head\>の直後に入れる**と覚えておくといいですね。

Point
トラッキングコードを改変してはいけません。渡されたままの状態をコピー＆ペーストしてください。

・HTML

```
1   <head>
2     <script>
3       //<script>を含んだ「トラッキングコード」が入ります。
4     </script>
5     ：
6   </head>
```

トラッキングコードを取り込んだサンプル

```
<!DOCTYPE html>
<html lang="ja">
<head>
<!-- Global site tag (gtag.js) - Google Analytics -->
<script async src="https://www.googletagmanager.com/gtag/js?id=UA-XXXXXXXX-X"></script>
<script>
 window.dataLayer = window.dataLayer || [];
 function gtag(){dataLayer.push(arguments);}
 gtag('js', new Date());

 gtag('config', 'UA-XXXXXXXX-X');
</script>
<meta charset="UTF-8">
<title>パーソナルトレーニング「Hibino JUNGLE GYM」OPENキャンペーン</title>
 ：
 ：
</head>
<body>
</body>
</html>
```

　Googleアナリティクスはネットを使う場合に不可欠な機能です。これはランディングページから何を販売する場合も、自分のブログで情報発信する場合も同じです。ネットを使って何かをするうえで、見てくれている人（訪問者）の行動を把握することは、次への改善に役立つからです。

18日目 4/4

【課題10】 ヨガスタジオのネット広告作成

10回目の課題です！ わからないことがあったら、「ヒント」を参照したり、これまで学んだページを見直そう！

課題の内容

前回の課題に続き、ヨガスタジオのネット広告に動きをつけてみましょう。

素材

【課題9】（P184）で保存したファイル「yoga-studio-lp.html」をエクスプローラー(Macの場合はFinder)で保存場所から見つけ、テキストエディタで開いて課題の準備をします。

STEP1 トップへ戻る動きを追加する

・JavaScript (yoga-studio-lp.htmlに入力します)</head>の直前に入力

```
1  <script src="https://ajax.googleapis.com/ajax/libs/jquery/1.10.2/jquery.min.js"></script>
2  <script>
3    $(function() {
4      $("#page-top a").click(function() {
5        $('html,body').animate({scrollTop: 0}, 1000);
6        return false;
7      });
```

```
8    });
9    </script>
```

STEP2 「他にも3つのヨガ効果!」の直前に戻るリンクを追加する

・HTML（yoga-studio-lp.htmlに入力します）へ10行目を入力します

```
1    <p id="page-top"><a href="#">TOPに戻る</a></p>
2    <p class="kadomaru-box">他にも3つのヨガ効果!</p>
```

STEP3 BMIの計算機能を追加する

「ぽっこりお腹に」の直後へ追加します。

・HTML（yoga-studio-lp.htmlに入力します）へ13〜20行目を入力します

```
3    ぽっこり<big><strong>お腹</strong></big>に</p>
4    <form name="bmi">
5      <p>最近体型が気になる方はBMI値を見てみましょう!<br>
6      『BMI＝体重(kg)÷身長(m)×身長(m)』</p>
7      体重:<input type="text" name="bmiWeight">kg<br>
8      身長:<input type="text" name="bmiHeight">cm
9      <input type="button" value="計算" onclick="fncBMI()"><br>
10     結果:<input type="text" name="bmiAns">
11   </form>
```

ヒント:

大文字と小文字をしっかりみて入力しよう!

・JavaScript（yoga-studio-lp.htmlに入力します）</head>の直前に入力

```
10    <script>
11    function fncBMI() {
12      var bmi, w, h; //BMI=bmi, 体重=w, 身長=h
13      w = eval(document.bmi.bmiWeight.value);
14      h = eval(document.bmi.bmiHeight.value) / 100; //mに変換
15      bmi = w / (h * h);
16      alert('あなたのBMI値は' + bmi + 'です。');
17      document.bmi.bmiAns.value = bmi;
18    }
19    </script>
```

ヒント：

「．（ピリオド）」を見落とさないで！

　ここまでできれば「yoga-studio-lp.html」を保存します。
　P198と同じように保存したファイルを見つけます。そしてブラウザで「yoga-studio-lp.html」のファイルを表示します。
　ページ途中に表示された「TOPに戻る」をクリックすると、一瞬でページの最初に戻ることを確認しましょう。

　続いてBMIの計算を行ってみましょう。
　体重と身長を入力し計算した結果が18.5〜25未満なら普通体重です。25以上でドキッとした方は健康診断を受けて相談しましょう。

> 答え合わせ

間違いに気づける方法の例

　以下のコードを動かすと、25行目でエラーが起こります。理由はP230の
コードの13行目と見比べてみてください。「.value」が足りないからです。

　こういったエラーは入力ミスで起こります。そしてどの部分が原因なのか探
すのが大変です。そこでalertを使って調査します。

```
20    <script>
21    function fncWeightHeight() {
22      alert('A'); //「A」が表示される
23      var w, h; //体重=w, 身長=h
24      alert('B'); //「B」が表示される
25      w = eval(document.bmi.bmiWeight); //valueがないので×
26      alert('C'); //上の行が×なので「C」が表示されない
27      h = eval(document.bmi.bmiHeight.value);
28    }
29    </script>
```

　22、24、26行目にalertを入れています。こうすると、プログラムが上から下
に向かって動いたとき、「上手く動く＝alertが表示される」「動かない＝
alertが表示されない」というふうになります。今回の場合、「A」「B」は
alertが表示されますが、「C」はalertの手前の25行目がエラーとなってい
るため表示されません。

　このようにalertで、上手く動いていないところを見つけることもできるので
す。

18日目のまとめ

- ☐ ボタンをクリックすると自動的に計算される＝プログラミング!
- ☐ 親切な誰かが用意してくれたJavaScriptの集まりも使える
- ☐ Google アナリティクスはランディングページには必須である

課題10の正解コード

P187【課題9】の正解コードの</head>の直前へ以下を追加。

・JavaScript

```
1   <script src="https://ajax.googleapis.com/ajax/libs/
    jquery/1.10.2/jquery.min.js"></script>
2   <script>
3    $(function() {
4     $("#page-top a").click(function() {
5      $('html,body').animate({scrollTop: 0}, 1000);
6      return false;
7     });
8    });
9   </script>
10
11  <script>
12   function fncBMI() {
13    var bmi, w, h; //BMI=bmi, 体重=w, 身長=h
14    w = eval(document.bmi.bmiWeight.value);
15    h = eval(document.bmi.bmiHeight.value) / 100; //mに変換
16    bmi = w / (h * h);
17    alert('あなたのBMI値は' + bmi + 'です。');
18    document.bmi.bmiAns.value = bmi;
19   }
20  </script>
```

P187【課題9】の正解コードの「他に3つのヨガが効果！」の上へ以下のコードを追加。

・HTML

```
1    <p id="page-top"><a href="#">TOPに戻る</a></p>
```

P187【課題9】の正解コードの「ぽっこりお腹に」の下に次のコードを追加。

・HTML

```
2    <form name="bmi">
3      <p>最近体型が気になる方はBMI値を見てみましょう!<br>
4      『BMI＝体重(kg)÷身長(m)×身長(m)』</p>
5      体重:<input type="text" name="bmiWeight">kg<br>
6      身長:<input type="text" name="bmiHeight">cm
7      <input type="button" value="計算" onclick="fncBMI()"><br>
8      結果:<input type="text" name="bmiAns">
9    </form>
```

第 6 章

さあ、
ランディングページを
作ってみよう!

19日目 1/6 ランディングページ制作の流れ

本章では実際に依頼を受けたときの手順を確認しながら、ランディングページを作っていくよ。

ランディングページを作る順序

依頼を受けたとき、次の順序で行うとスムーズに進めることができます。

- ▶ STEP1 下書きを作る
- ▶ STEP2 素材を用意する
- ▶ STEP3 文章を用意する
- ▶ STEP4 ランディングページの骨組みを作る
- ▶ STEP5 骨組みに文章を流し込む
- ▶ STEP6 画像やイラストをはめ込む
- ▶ STEP7 デザインを調整する
- ▶ STEP8 動きが必要ならプログラミングする
- ▶ STEP9 Googleアナリティクスで解析できるようにする
- ▶ STEP10 スマホ対応にする
- ▶ STEP11 ボタンやリンクのジャンプ先をチェックする

ページの都合上、STEP4以降のプレビュー（表示結果）やコードの一部は、本書の特設サイトで紹介しています。初めての人は以下のリンクにアクセスし、見本を確認しながら作るのもいいでしょう。

▶ http://021pt.kyotohibishin.com/books/lppg/contents6

ランディングページのゴール

今回作るランディングページの完成イメージを見ておきましょう。
男性向けのパーソナルトレーニングジムのネット広告です。

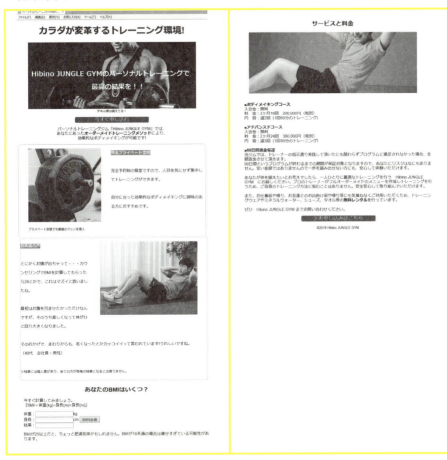

本物のランディングページは、もっと縦に長くなるものもありますが、今回は課題なのでコンパクトにまとめてみました。

これまで学んだ内容を思い出しながら、ページを何度も戻りながらランディングページを作っていきましょう。

19日目 2/6 ランディングページ作成の準備をしよう!

作る前には下準備が大切! また、不要な修正を少なくするための方法も解説するぞ!

　ランディングページは、すぐに作りはじめると思うように進みません。まずはSTEP1〜3の下準備を行いましょう。

STEP1 下書きを作る(P240へ)

　クライアントからランディングページのサンプルが届きます。ワードの場合もあれば、PDFの場合もあります。サンプルを見て、手書きで構わないので下書きを作りましょう。そうすることで、次の段階に行う「骨組み」が作りやすくなります。

STEP2 素材を用意する(P242)

　下書きを作ると、使用する画像やイラスト、動画が把握できます。それぞれの素材が不足なく手元にあるのかをチェックすることで、作りはじめてから「足りない!」と焦ることがなくなります。

STEP3 文章を用意する(P244へ)

　ランディングページで使用する文章も、ページサンプルと一緒にクライアントから届いているかチェックしましょう。

そして、ページサンプルに書かれている文章と、手元に届いた文章が同じ内容になっているかどうかのチェックも忘れずに。ページサンプルの文章と、手元に届いた文章の内容が違っていると、どちらが正しいのか確認するために余分な時間を使います。でも納期は待ってくれません。納期直前に慌てなくて良いようにしておきましょう。

できるだけ修正を少なくするために

ランディングページを作ることや副業だけに限りませんが、プログラミングに関係することを行う場合、最も注意することは「手戻り」をどれだけ減らすことができるのかということです。

修正などの手戻りをゼロにすることはできません。
しかし、できるだけ減らすためには、実際の作業へ手を付ける前に「考える」「チェックする」ことを済ませておくことが大切です。

作業をしながら考えることは「どうすれば実現できるのか」であって、

▶ **どういうレイアウトなんだろう?**
▶ **素材は足りているだろうか?**
▶ **内容は合っているだろうか?**

などで頭を使うことは作業時間を減らしていますので、大変もったいない時間の使い方をしていることになります。

それでは次から各ステップを見ていきましょう。

【STEP1】ランディングページの下書きを作る

19日目 3/6

ここからはいよいよ作成！ サンプルをもとに下書きを作ってみよう！

画像やイラスト、動画の配置を書く

まず、白紙を用意します。サンプルをよく見て、画像やイラスト、動画の場所を書き込んでいきます。このとき、「男性がポーズをとっている」「腹筋している」「ウェイトの画像」など、どういったものかを書き込んでおくと後から見たとき悩むことがなくなります。

文章の配置を書く

続いて、文章の場所を書き込んでいきます。文章の書き出し部分だけでも書き込んでおくと、どの文章なのかがわかります。

装飾も書いておく

文字の太さや大きさ、色、イエローマーカーが引かれているかどうか。枠線がある場合は点線なのか直線なのか。どのような装飾がサンプルにあるのかを書き込んでおきましょう。こうすることで、自分が作る内容を少しずつ理解できるようになります。

サンプルをチェックして下書き開始！

ドキュメント/proglp/gymlp/（Macは書類/proglp/gymlp/）の中にPDF形式のサンプル「sample.pdf」があります。サンプルを見て、下図のような下書きを作りましょう。

こういったページの設計図のことをWebサイトの制作現場では「ワイヤーフレーム」や「ワイヤー」と呼ばれています。

プロのWebデザイナーも、こういった設計図を書き起こしてから作業をしています。ということは、作業の効率がよいということでしょう。私たちもマネして使っておきたいですね。

【STEP2】
ランディングページで使う素材を用意する

19日目 4/6

素材をチェックすることで作業がスムーズに進むよ！

画像やイラスト、動画をチェック

　下書きを見ると、画像やイラスト、動画がどれくらいあるのかわかります。そしてここが肝心。**サンプルを渡されたとき、一緒にこれらの画像やイラスト、動画などの情報が届いているかどうかチェックします。**

▶ **画像やイラストは、「画像ファイル」として届いているはずです。**
▶ **動画は、URLを知らせてもらえることが多いです。**

　一つずつチェックし、必要なものが届いているかを確認します。
　このとき、下書きに画像のファイル名や動画のURLを書き込んでおくと、次の作業がスムーズに進みます。
　足りない場合や違ったものが届いている場合は、すぐにクライアントに確認しましょう。 作りはじめてから足りないことや違っていることに気づくと慌てます。そうならないためにも、最初のチェックをしておきましょう。

サンプルの画像をチェック！

　proglp/gymlp/imgの中にサンプルで使っている画像があります。4つありますので、すべて揃っているか確認してください。

6-01-top.png　6-02-ps.png　6-03-cv.png　6-04-sv.png

Memo クライアントからのムチャぶりがあったら

「著作権フリーの無料画像をダウンロードして使ってほしい」。このようなリクエストがクライアントから来ることがあります。

こうした場合、無料画像サイトのURL（アドレス）が届きますので、URLから無料画像サイトへ移動し、自分で画像をダウンロードしてください。

困るのは「好きなのを使ってください」という丸投げをされたときです。最初は「画像を用意する」と聞かされていたけれど、途中から「そちらで選んでください」と話が変わった場合には、**画像を探して選ぶために必要な料金を追加請求できるのか、納期は変更できるのかを確認しましょう。**

これは私が経験したことですが、適切な画像を無料画像サイトから選ぶことは、思っている以上に時間を使います。こだわって探していると1時間、2時間なんてあっという間に過ぎていきます。時間は取り戻せませんので注意しておきたいですね。

19日目 5/6 【STEP3】ランディングページで使う文章を用意する

素材と合わせて文章をチェックしておこう!

サンプルの文章をチェック

　サンプルを渡されたとき、一緒に文章も届いているかどうかをチェックします。
文章はワード形式やテキスト形式のファイルとして届いているはずです。
内容をチェックし、必要なものが届いているか確認します。
このとき、下書きに文章の書き出し部分を書き込んでおくと、次の作業がスムーズに進みます。

　文章が足りなかったり、内容の違ったものが届いていたりする場合、すぐにクライアントに確認することが必要です。画像と同じで納期直前に気づくと焦ります。そんなことにならないよう、最初にチェックをしておきましょう。
　proglp/gymlp/の中にサンプルで使っている文章をまとめたテキストファイル「ptlp-doc.txt」があります。内容がすべてsample.pdfと合っているかテキストエディタで開いて確認してください。

```
==================================================↵
6章の課題用にテキスト部分のみ抜粋しています。↵
==================================================↵
↵
タイトル：パーソナルトレーニング「Hibino JUNGLE GYM」OPENキャンペーン↵
↵
カラダが変革するトレーニング環境!↵
↵
デキル男は鍛えてる!↵
↵
今すぐ申し込む↵
↵
↵
パーソナルトレーニングジム「Hibino JUNGLE GYM」では、↵
あなたにあったオーダーメイドトレーニングメソッドにより、↵
効果的なボディメイキングが可能です!↵
↵
プライベート空間でも最強のマシンを導入↵
↵
完全プライベート空間↵
完全予約制の個室ですので、人目を気にせず集中してトレーニングができます。↵
自分に合った効果的なボディメイキングに興味のある方におすすめです。↵
↵
お客様の声↵
とにかくお腹が出ちゃって・・・カウンセリングでBMIを計算してもらったら28とかで、これはマズイと思いましたね。↵
最初はお腹を凹ませたかっただけなんですが、そのうち楽しくなって体がひと回り大きくなりました。↵
そのおかげで、まわりからも、若くなったとかカッコイイって言われています!うれしいですね。↵
（40代□会社員・男性）↵
※結果には個人差があり、全ての方が同様の結果になるとは限りません。↵
↵
↵
あなたのBMIはいくつ?↵
今すぐ計算してみましょう。↵
『BMI＝体重(kg)÷身長(m)×身長(m)』↵
↵
体重：kg↵
身長：cm↵
BMIを計算↵
結果：↵
BMIが25以上だと、ちょっと肥満気味かもしれません。BMIが18未満の場合は痩せすぎている可能性があります。↵
↵
↵
サービスと料金↵
■ボディメイキングコース↵
入会金：無料↵
料□金：2ヶ月16回□200,000円（税別）↵
内□容：週2回（1回60分のトレーニング）↵
↵
↵
■アドバンスドコース↵
入会金：無料↵
料□金：2ヶ月24回□380,000円（税別）↵
内□容：週3回（1回90分のトレーニング）↵
↵
■60日間返金保証↵
当ジムでは、トレーナーの指示通り実践して頂いたにも関わらずプログラムに満足されなかった場合、全額返金させて↵
60日間というプログラムが終わるまでの期間が保証対象となりますので、あなたにリスクはなにもありません。安い金額↵
んので一歩を踏み出せない方にも、安心して体験いただけます。↵
あなたが体を鍛えたいとお考えでしたら、一人ひとりに最適なトレーニングを行う□Hibino JUNGLE GYM□にお越しくだ↵
トレーナーがフルオーダーメイドのメニューを作成しトレーニングを行うため、ご自身のトレーニング方法に悩むこと↵
安全安心して取り組んでいただけます。↵
また、お仕事前や帰り、お友達とのお出掛け前や帰り等にも気兼ねなくご利用いただくため、トレーニングウェアやミ↵
ー、シューズ、タオル等の無料レンタルを行っています。↵
ぜひ□Hibino JUNGLE GYM までお問い合わせください。↵
↵
↵
(c)2019 Hibino JUNGLE GYM.↵
```

19日目 6/6 ランディングページを作ろう

いよいよ作成スタートです！

下準備が整いましたら作り始めましょう。まずはSTEP4〜9の順序を確認し進めていきます。

STEP4 骨組みを作る（P248へ）

下書きから骨組みであるHTMLを作ります。

STEP5 骨組みに文章を流し込む（P250へ）

骨組みであるHTMLに文章を流し込みます。ここで大まかな雰囲気がつかめるようになります。

STEP6 画像やイラストをはめ込む（P252へ）

文章の次に、画像やイラスト、必要なら動画をはめ込んでいきます。文章だけではつかみにくかったイメージは画像が入ることでわかりやすくなります。

STEP7 デザインを調整する（P254へ）

CSSの登場です。デザインを調整します。

> **STEP8** 動きが必要ならプログラミングする
> （P256へ）

今回の課題では計算を行います。JavaScriptを使いましょう。

> **STEP9** Googleアナリティクスで解析する
> （P258へ）

課題では実際に解析することはできませんが、どのように取り入れるのかを体験してみます。

それでは、次から各STEPを進めていきましょう。

第6章 さあ、ランディングページを作ってみよう！

19日目のまとめ
- ☐ 下書きで「やること」を整理しよう
- ☐ 素材や文章のチェックで手戻りを減らそう
- ☐ 先に作成のステップがイメージできると安心です

【STEP4】HTMLで骨組みを作る

20日目 1/4

ランディングページに必要な大枠を作ろう!

大きな箱と大きな箱の中に2つの箱を作る

　サンプルのPDFと下書きを見ながら、HTMLで大きな箱、大きな箱の中に2つの箱を作りましょう。テキストエディタを立ち上げて、<DOCTYPE>、<html>、<head>、<body>を入力してください。 ヒント　P64〜67

- ▶ 作成するランディングページのファイル名：ptlp.html
- ▶ 保存する場所：proglp/gymlp/
- ▶ 保存形式：utf-8

2つの構造を指定する

　大きな箱の情報をコンピュータへ教えることも忘れないようにしてください。また、タイトルも必要です。タイトルは"「Hibino JUNGLE GYM」OPENキャンペーン"としておきます。<meta>、<title>を思い出しましょう。
ヒント　P68〜69

人が理解する部分を3つの領域に分ける

　人が理解する部分をわかりやすくするために3つの領域に分けました。

<header>、<main>、<footer>でしたね。

<footer>は「©2019 Hibino JUNGLE GYM」としておきます。

ヒント　P70〜71

特殊な文字を入力する

「©」は特殊な文字です。記号などで探しても漢字変換できません。ネットで使える特殊な文字を使いましょう。　ヒント　P74〜75

下書きを見てかたまりに分ける

<div>というタグがあったことを覚えているでしょうか?

下書きを見ながら<main>タグの中を、<div>を使って以下の5つのかたまりに分けておきましょう。　ヒント　P104〜105

▶「完全プライベート空間」の部分
▶「お客様の声」の部分
▶「あなたのBMIはいくつ?」の部分
▶「サービスと料金」の部分
▶「お申し込みはこちら」の部分

・ここまで完成したプレビュー

©2019 Hibino JUNGLE GYM.

・ここまでの正解コードは、以下のリンクから確認してください。

http://021pt.kyotohibishin.com/books/lppg/contents6

20日目 2/4

【STEP5】
文章を流し込む

ランディングページに文章を流し込んでみよう！

下準備のときに確認した「ptlp-doc.txt」をテキストエディタで開きます。

文章をコピー＆ペーストする

サンプルと下書きを見ながら、HTMLの骨組みに文章をコピー＆ペーストしていきます。このとき、見出しの重要度や段落、改行、強調、文字サイズを一段小さくするなどを付け加えていきます。 ヒント　P80〜89

▶ 見出しの重要度：<h1>、<h2>
▶ 段落：<p>　改行：
▶ 強調：<strong>　文字サイズを一段小さく：<small>

リンクを追加する

「今すぐ申し込む」「＞お申し込みはこちら」。2つのリンクも付け加えておきます。ページの最初にある「今すぐ申し込む」をクリックした場合には、ページ内の下にある「＞お申し込みはこちら」の直前へジャンプ。

ページ下の「＞お申し込みはこちら」をクリックした場合には、新しいページを開いて「https://www.google.co.jp」へジャンプするようにしておきます（実際には、依頼主からジャンプ先が伝えられます）。 ヒント　P100〜103

・ここまで完成したプレビュー

カラダが変革するトレーニング環境!

今すぐ申し込む

パーソナルトレーニングジム「Hibino JUNGLE GYM」では、
あなたにあったオーダーメイドトレーニングメソッドにより、
効果的なボディメイキングが可能です!

完全プライベート空間

完全予約制の個室ですので、人目を気にせず集中してトレーニングができます。

自分に合った効果的なボディメイキングに興味のある方におすすめです。

お客様の声

とにかくお腹が出ちゃって・・・カウンセリングでBMIを計算してもらったら28とかで、これはマズイと思いましたね。

最初はお腹を凹ませたかっただけなんですが、そのうち楽しくなって体がひと回り大きくなりました。

そのおかげで、まわりからも、若くなったとかカッコイイって言われています!うれしいですね。
(40代 会社員・男性)

※結果には個人差があり、全ての方が同様の結果になるとは限りません。

あなたのBMIはいくつ?

今すぐ計算してみましょう。
『BMI＝体重(kg)÷身長(m)×身長(m)』

BMIが25以上だと、ちょっと肥満気味かもしれません。BMIが18未満の場合は痩せすぎている可能性があります。

サービスと料金

■ボディメイキングコース
入会金:無料
料 金:2ヶ月16回 200,000円(税別)
内 容:週2回(1回60分のトレーニング)

■アドバンスドコース
入会金:無料
料 金:2ヶ月24回 380,000円(税別)
内 容:週3回(1回90分のトレーニング)

■60日間返金保証
当ジムでは、トレーナーの指示通り実践して頂いたにも関わらずプログラムに満足されなかった場合、全額返金させて頂きます。
60日間というプログラムが終わるまでの期間が保証対象となりますので、あなたにリスクはなにもありません。安い金額ではありませんので一歩を踏み出せない方にも、安心して体験いただけます。

あなたが体を鍛えたいとお考えでしたら、一人ひとりに最適なトレーニングを行う Hibino JUNGLE GYM にお越しください。プロのトレーナーがフルオーダーメイドのメニューを作成しトレーニングを行うため、ご自身のトレーニング方法に悩むことはありません。安全安心して取り組んでいただけます。

また、お仕事前や帰り、お友達とのお出掛け前や帰り等にも気兼ねなくご利用いただくため、トレーニングウェアやミネラルウォーター、シューズ、タオル等の無料レンタルを行っています。

ぜひ Hibino JUNGLE GYM までお問い合わせください。

＞お申し込みはこちら

©2019 Hibino JUNGLE GYM.

・ここまでの正解コードは、以下のリンクから確認してください。

http://021pt.kyotohibishin.com/books/1ppg/contents6

第6章

さあ、ランディングページを作ってみよう!

【STEP6】画像やイラストをはめ込む

20日目 3/4

ランディングページに画像やイラストをはめ込んでみよう！

下準備のときに確認した「proglp/gymlp/img/」をエクスプローラー（MacはFinder）で確認します。

HTMLの骨組みに画像やイラストを入れる

サンプルと下書きを見ながら、画像やイラストのファイルをはめ込みます。このとき、サンプルと下書きをよく見てください。キャプションのついている画像があります。見落としてはいけません。　ヒント　P96, 114〜115

画像：<figure>、<img>、<figcaption>

画像のひとこと説明

ランディングページの画像に「ひとこと説明」も追加しておきます。上から順に説明を書いておきましょう。　ヒント　P98

- ▶ 画像1：パーソナルトレーニングOPEN
- ▶ 画像2：プライベート空間でも最強のマシンを導入
- ▶ 画像3：お客様の声
- ▶ 画像4：サービスと料金

・ここまで完成したプレビューと正解コードは、以下のリンクから確認してください。
　http://021pt.kyotohibishin.com/books/lppg/contents6

　ランディングページ（ホームページもですが）に画像やイラストをはめ込むと、一気に印象が変わります。

　これは文章だけでいくら伝えても伝えきれない、わずかなニュアンスや色彩の楽しさ、ポーズや表情が持つパワーのなせる技だといえるでしょう。

　今回の部分からは少し脱線しますが、目を引き、好感を持たれやすい画像には法則があるといわれています。その法則は「3Bの法則」と呼ばれています。

Baby：赤ちゃん
Beauty：美人
Beast：動物

　ブログやSNSに投稿する画像で迷ったら思い出してください。

20日目 4/4 【STEP7】 CSSでデザインを調整する

ランディングページのデザインをパソコン向けに整えよう！

　デザインを調整するCSSには、htmlに直接書き込む方法と外部ファイルを使う方法がありましたね。今回の課題では複雑なランディングページではないので、htmlへ直接書き込む方法でデザインの調整を行います。完成してから腕試しに外部ファイル化してみてください。 ヒント　P132,146

デザインを調整する手順

①パソコン向けのデザインを行うためにブラウザで表示したときの横幅を決めます。今回は普及型パソコンで表示できる大きさ「1000px」をランディングページの横幅の最大に設定します。 ヒント　P152

```
1    body {max-width: 1000px;}
```

※max-widthは画像だけではなく、他の要素の横幅にも指定できます。

②フォントを読みやすいものに設定しましょう。 ヒント　P136〜137

```
2    body {font-family: Arial, "ヒラギノ角ゴ ProN W3", "Hiragino Kaku
     Gothic ProN", "メイリオ", Meiryo, sans-serif;}
```

③<h1>の文字を36pxの太字。<h2>の文字を24pxの太字。画像のキャプション文字を12pxに設定します。 ヒント　P138〜141

④リンクをプルンプルンさせましょう。また、マウスがリンクに重なったときは「darkblue」に色を変え、押されたときには「skyblue」に変わるようにしましょう。 ヒント　P170〜173

⑤イエローマーカーが2カ所あります。見落とさないでください。
ヒント　P160〜161

⑥「完全プライベート空間」「お客様の声」の部分を背景が赤、文字を白にして目立つようにしてください。 ヒント　P143,138

⑦「完全プライベート空間」の部分は点線の角丸で囲み、画像が左に寄り文章が右側へ回り込んでいます。
「お客様の声」の部分も同じように点線の角丸で囲まれ、画像が右に寄り文章が左側へ回り込んでいます。 ヒント　P158,154,156

※「点線」は角丸で囲む装飾の親戚です。ネットで「CSS　点線」「CSS　点線　囲む」で検索し、より実践的な経験として見つけてみましょう！

・ここまで完成したプレビューと正解コードは、以下のリンクから確認してください。
　http://021pt.kyotohibishin.com/books/lppg/contents6

> **20日目のまとめ**
> ☐ 骨組み→文章→画像→デザインの流れを守りましょう
> ☐ 一つずつ表示して確かめながら進めることが近道

21日目 1/5
【STEP8】
JavaScriptでBMIを計算する

ランディングページにBMI計算機能を追加しよう！

JavaScriptプログラミングの準備

　JavaScriptのプログラミングには、CSSと同じようにhtmlに直接書き込む方法と外部ファイルを使うという2つの方法があります。
　今回の課題では複雑なランディングページではありませんので、htmlへ直接書き込む方法でプログラミングを行います。完成してから外部ファイル化してみてください。 ヒント　P200〜203

htmlへ項目を追加する

　サンプルと下書きを確認し、計算で使う入力項目、計算を実行するボタン、結果を表示する項目を追加します。<form>、<input>を思い出してください。
ヒント　P222〜223

計算機能を追加する

　htmlの中にJavaScriptを書き込みます。覚えているでしょうか。計算式は第5章の課題で取り上げたものと同じでOKです。 ヒント　P230

ボタンのクリックに紐づける

ボタンがクリックされた時に計算を実行します。第5章で行ったことと同じ方法です。onclickを使うことが必要です。 ヒント　P229のSTEP3

・ここまで完成したプレビューと正解コードは、以下のリンクから確認してください。

http://021pt.kyotohibishin.com/books/lppg/contents6

Memo　動かない場合はどうしたらいい？

JavaScriptを使ったプログラミングは、1度でうまく動かない（計算されない）かもしれません。でも、諦めないでください。第5章で学んだことと、あなたが書き込んだ内容とを見比べることで、必ず上手く動いていない原因を見つけることができます。

プログラムとはコンピュータへていねいに、一つひとつやってほしいことを専用の言葉で伝えることです。1つ話して10をわかってはくれません。

また、うまく動かない原因を探す場合にアラートが使えることを学んでいます。ここで思い出して使ってみてください。 ヒント　P232

一つひとつ、プログラムのどこまで動いていて、どこから動いていないのかをアラートを使って調査していきましょう。

21日目 2/5 【STEP9】Googleアナリティクスで解析する

ランディングページに解析機能を追加しよう!

　Googleアナリティクスのコードは依頼主から提供してもらいます。本書では「proglp/gymlp/js/ga.js」にコードがあります。テキストエディタで開いて内容を確認してください。

ランディングページへ解析機能を追加する

　htmlの中にGoogleアナリティクスのJavaScriptを書き込みます。ga.jsの内容をすべて選択し、htmlの<head>〜</head>の中へコピー&ペーストします。
　このときのポイントは、<head>の直後へコピー&ペーストすることです。

・ここまで完成したプレビュー(前ページと外観は変わらない)と正解コードは、以下のリンクから確認してください。
　http://021pt.kyotohibishin.com/books/lppg/contents6

\<head\>周辺のコードの状態

```
<!DOCTYPE html>
<html lang="ja">
<head>
<!-- Global site tag (gtag.js) - Google Analytics -->
<script async src="https://www.googletagmanager.com/gtag/js?
id=UA-XXXXXXXX-X"></script>
<script>
  window.dataLayer = window.dataLayer || [];
  function gtag(){dataLayer.push(arguments);}
  gtag('js', new Date());

  gtag('config', 'UA-XXXXXXXX-X');
</script>
  <meta charset="UTF-8">
```

Memo Googleアナリティクスで収集できるデータ

ここで貼りつけたJavaScriptの内容によって、ランディングページが表示されるたび、自動的にGoogleへ「誰か見てますよ」という命令が送られます。

また、以下の情報も収集しています。

▶ **どれくらいの時間見ていたのか**
▶ **どこのページからやってきたのか**
▶ **どこのページへ移ったのか**
▶ **何日の何時に見ていたのか**
▶ **どの地域から見ていたのか**

収集された情報を分析することで、商品やサービスへより興味を持ってもらえるような改善を行うことができます。

21日目 3/5 最後の仕上げをしよう

スマホ対応などの最終調整をしよう！

　スマホ対応や中央寄せを行います。そしてパソコンとスマホでのチェック、リンクやボタンの動作を確認します。

STEP10 スマホ対応する（P262へ）

　レスポンシブという言葉を覚えているでしょうか。ランディングページはパソコン、スマホ、両方から見られます。このステップではスマホ対応を行います。
　Google Chromeを使って、レスポンシブのチェックを行うところがポイントです。

STEP11 ボタンやリンクのジャンプ先をチェックする（P264へ）

　BMI計算のボタン、申し込みへのリンクをクリックして正しく動作するのかを確認します。
　できていると思い込んでしまうことがありますので、ここは機械的にチェックしましょう。
　抜かりなくチェックすることで気持ちよく完了できます！

それでは次から各STEPを進めていきましょう。

あと一息がんばってください！

Memo 最終チェックのこぼれ話

　人間という生き物は不思議なものです。私が会社員としてエンジニアをやっていた頃、大規模なシステム開発を行ったときでも、小さなホームページを作ったときでも同じように、最終チェックで漏れが現れてきました。

「こんなミス、誰でもわかるだろう」というようなチェックミスが出てくるんです。この原因は何かというと、ほとんどはチェックを行ったエンジニアの無意識によるチェック回避。

　どういうことかといいますと、自分で作ったプログラムをテストしチェックするわけですが、そのとき無意識に「ここ、動かすとマズいんだろうなぁ」と感じ（まさに天の声です）、ヤバそうな部分をスルーするようにチェックしてしまうのです。

　当然ですが、こういったことが起こらないようにテスト設計書という厳格な書類も用意してあるのですが、それでも無意識のパワーにはかないません。確かにあとから結果を見返しても、厳密にチェックしているのですが、そこは作成者の野生の勘とでもいいましょうか。無意識に回避する方法を見つけてテストしているのです。

　ということで、やはり最後は機械的にきちんとチェックしておきましょう。ベストなチェックは第三者にお願いすることです。

21日目 4/5

【STEP10】
スマホに対応する

レスポンシブ機能を追加しよう!

　コンピュータが理解する情報として、ランディングページを表示している端末の扱い方を教えてあげる必要があります。<head>〜</head>の部分に「viewport」を追加したのを思い出してください。 ヒント　P180〜183

CSSでデザインを変化させる

端末幅の設定

　ここでは端末の画面幅が最大600px以下の場合には、スマホであるということにします。CSSで学習した「@media」の使い方を思い出しましょう。

文字サイズの設定

　<body>、<h1>、<h2>、<figcaption>、<a>の文字サイズを「vw」という単位を使って指定します。

<body>：1.6vw
<h1>：3.6vw
<h2>：2.4vw
<figcaption>：1.2vw
<a>：5.0vw

文章の回り込み解除

　続いて、パソコンでは「完全プライベート空間」「お客様の声」の部分は、画像の右側、左側へ文章が回り込んでいましたが、回り込みをなくし縦に並ぶようにします。

・ここまで完成したプレビューと正解コードは、以下のリンクから確認してください。

http://021pt.kyotohibishin.com/books/lppg/contents6

レスポンシブ対応したCSSの読み方

```
body
img
header
footer
h1
h2
figcaption
form
.centering
.red-reverse
.yellow-futo
.cv-contents
.cv-contents figure.left
.cv-contents figure.right
.clearfix:after
p.service
a:hover
a:active
a
@keyframes prunprun
@-webkit-keyframes prunprun

@media screen and (max-
width:600px)
  body
  h1
  h2
  figcaption
  .cv-contents figure.left
  .cv-contents figure.right
  a
```

上から下に向かってデザインを決めていきます。

パソコン用のデザイン

ここでスマホ（画面の幅が600px以下）だったら、@mediaの内側のデザインを上から下に向かって使っていきます。上のパソコン用で登場しているCSSと同じ指定が@mediaの内側でも登場しています。これはパソコン用と同じ指定のCSSが上書きされることでスマホ用のデザインに置き換わることを意味しています。

スマホ用のデザイン

第6章　さあ、ランディングページを作ってみよう！

21日目 5/5

【STEP11】
中央揃えと表示の確認

画像や文章を中央に揃え、ページを表示し確認しよう!

画像や文章を中央揃えにする方法

中央揃えにしたいとき、CSSで指定するお決まりの方法があります。

1　text-align: center;
2　margin: 0 auto;

「text-align」はP142で登場したので大丈夫ですね。「margin: 0 auto;」は学習では登場していませんが、覚えておくと便利なテクニックです。

marginは縦横の余白を指定するという意味です。「0 auto;」の左側は縦の余白量、右側は横の余白量を指定しています。この場合は縦の余白は0、横の余白は自動に指定することで、最大幅の中央に寄せてくれます。

CSSで中央揃えを指定しよう

<header>と<footer>、<h2>に囲まれている画像や文字をtext-alignで中央揃えにします。

文章の回り込みの部分「完全プライベート空間」と「お客様の声」を中

央揃えにします。グレーの角丸点線で装飾しているcssがすでにありますので、その中へ「margin: 0 auto;」を追加します。

　<form>で囲まれている部分をmarginで中央に揃えます。中央揃えした位置を微調整するためにmax-widthで最大幅を900pxにします。

```
3    form { max-width: 900px; margin: 0 auto; }
```

　次は、「サービスと料金」の下にある画像を中央揃えにします。クラスを使ったセレクタを追加し、htmlへクラスを指定します。

```
4    .centering { text-align: center; }
```

「サービスと料金」の文章も中央揃えにしたいのですが、text-alignを使うと、文章そのものが真ん中に寄ってしまい読みづらくなります。

　そこで文章は左寄せのまま、表示位置だけを中央に揃えます。「ボディメイキングコース」「アドバンスドコース」「60日間返金保証」をそれぞれ囲っている<p>に中央揃えを指定したcssのクラスを使って追加します。

　また、中央揃えした位置を微調整するためにmax-widthで最大幅を900pxにしています。

```
5    p.service { max-width: 900px; margin: 0 auto; }
```

「ボディメイキングコース」「アドバンスドコース」「60日間返金保証」をそれぞれ囲っているhtmlの<p>を<p class="service">のように中央揃えを指定したcssのクラスに変えておきます。

プルンプルン動くリンクもmarginを使って中央揃えします。

表示の確認

第4章で学習した「デバイス別チェック方法（P192）」を実践するときがきました。Google Chromeを使って表示チェックを行いましょう。

パソコンの画面サイズ、タブレット、スマートフォン。それぞれの画面サイズに切り替えながら表示が変わることを確認してください。

最後に　リンクをクリックして動きを確認

ランディングページが完成しました。とはいえ、見た目はうまくできていても、リンクやボタンをクリックしたときにうまく動かないことがあるため、このまま納品するのでは心配です。**パソコンとスマホの両方で確認するようにしましょう。**

「今すぐ申し込む」をクリックします。このとき、リンクの色が変わることも確認しておきましょう。クリックするとページの下へジャンプしたでしょうか。ジャンプしていない場合は、htmlをもう一度確認してください。

「＞お申し込みはこちら」をクリックします。ここでもリンクの色が変わることを確認しましょう。クリックすると本書ではGoogleへジャンプするようになっています。ジャンプしなかったら、htmlを確認してみましょう。

ボタンをクリックして動きを確認

体重と身長を入力して「BMIを計算」をクリックします。計算できたでしょうか。結果に何も表示されていない場合、うまく動いていない可能性があります。JavaScriptかonclickの部分を再確認しましょう。

おつかれさまでした！

リンクとボタンの動きがチェックできれば完成です。クライアントによって作成の流れが変わることもありますが、多くの場合は今回お伝えした流れで対応可能です。

「うまくページがつくれない」「思ったように動かない」……そんな方のために、以下のURLにこのランディングページの正解コードを全文掲載しています。どうしても自分の力で解決できなかったときに確認してみてください。

・ここまで完成したプレビューと正解コードは、以下のリンクから確認してください。

http://021pt.kyotohibishin.com/books/lppg/contents6

おわりに

　本書をお読みいただき、ありがとうございます。

　本書を、副業術やIT関係の本のように思われたかもしれません。しかし、実は「論理的な考え方」「問題を着実に解決する力」という2つのスキルを育むことがテーマに含まれています。

　これまでエンジニアに興味を持ち、プログラミングスキルを習得したい方のお手伝いをしてきたなかで、いつも気になっていたことがあります。
　それは「プログラミングを学んだほうがいい」と世の中では言われていますが、理系出身者にしか理解できない伝え方が多いということです。そこで「どんな例えで伝えればわかりやすいのか」「どんな課題なら楽しんで進めることができるのか」といったことを一生懸命考えながら今回執筆させていただきました。

　「ITはよくわからない」「パソコンは怖い」とおっしゃる方にとって、プログラミングは苦労することがあると思います。想像どおりに表示されない。デザインが変化しない。動かない……でも、こういうシーンに遭遇することは「論理的に問題解決する」スキルを磨くことになるのです。

　また、こういうシーンに遭遇した場合には、自分で「○○分で解決する！」と決め、ゲーム感覚で一つひとつうまくいってない箇所を見つけて改善していきましょう。決めた時間内に解決できればとてもうれしいものですし、次の問題を解決する楽しみも得られます。
　私自身、会社勤めをしていたとき、定時直前に舞い込むトラブル報告を「20分で解決して帰る！」と決め、解決することを楽しんでいました。

プログラミングは、これからのビジネスシーンで不可欠なスキルだといわれています。その反面、人材不足という問題にも直面しています。需要と供給が合っていないのです。このような市場を変えるためには、一部の理系出身者だけではなく、コミュニケーションのなかから文脈を敏感に読みとれる人たちにプログラミングスキルを身につけてもらいたい。

　そうでないと、結局これまでと同じように「ITは一部の人だけがわかるもの」になり、多くの人たちは「ただ使うだけ」の暮らしになってしまいます。この違いは収入面にも影響するでしょうし、仕事そのものの存在にも影響するでしょう。ひいては子どもたちへの教育にも影響するはずです。

　「理系じゃないからプログラムはわからない」という方が、本書をきっかけにして、プログラミングの世界へ一歩を踏み出し、楽しさや仕組みを少しでも身近に感じてもらえれば、これほどうれしいことはありません。

　最後に、この本が完成するにあたって、たくさんの方にお世話になりました。
　かんき出版の庄子錬さん、この本に関わってくださった多くの方々。ヨガ動画の使用を快諾くださったアールカンパニーさん。執筆スキルを身につけるきっかけとなった小野さん。そして、いつも明るく支えてくれる妻にも心から感謝しています。

　最後に、読んでくださった皆様へ。
　プログラミングは誰にでもできます。学歴や働き方、収入は関係ありません。
　プログラミングスキルを手に入れて、ITに使われるのではなく、自分たちが使うことで豊かな人生を楽しんでいきましょう！

　　　　　　2019年4月　自然豊かな京都府木津川市より　日比野新

【著者紹介】

日比野　新（ひびの・しん）

◉──京都府出身。高校卒業後、18歳でエンジニアに。以後、30年間にわたって業務アプリケーションの提案、SEやプログラマーの人材育成・採用、ユーザーサポート、システム保守やメンテナンスを行う。

◉──現在は独立し、エンジニア経験を活かしてマーケティングやプロモーション、プロデュースを行いながら、セールスコピーのライティング、オウンドメディア構築・運営、フェイスブック広告の出稿運営なども行う。

◉──エンジニア歴30年、プログラミング指導歴15年。これまで指導してきた人数は1000人を超える。人気プログラミング教室「侍エンジニア塾」のカリスマ講師としても活躍中。

本書の特設サイト
https://021pt.kyotohibishin.com/books/lppg/

文系でもプログラミング副業で月10万円稼ぐ！　　　　　　　　〈検印廃止〉

2019年 5 月22日　　第 1 刷発行
2020年 2 月 3 日　　第 6 刷発行

著　者──日比野　新
発行者──齊藤　龍男
発行所──株式会社かんき出版
　　　　　東京都千代田区麹町4-1-4 西脇ビル　〒102-0083
　　　　　電話　営業部：03(3262)8011㈹　編集部：03(3262)8012㈹
　　　　　FAX　03(3234)4421　　　　振替　00100-2-62304
　　　　　http://www.kanki-pub.co.jp/
印刷所──新津印刷株式会社

乱丁・落丁本はお取り替えいたします。購入した書店名を明記して、小社へお送りください。ただし、古書店で購入された場合は、お取り替えできません。
本書の一部・もしくは全部の無断転載・複製複写、デジタルデータ化、放送、データ配信などをすることは、法律で認められた場合を除いて、著作権の侵害となります。
©Shin Hibino 2019 Printed in JAPAN　ISBN978-4-7612-7421-4 C0036

本書を読まれた方にオススメ！

初心者でも、たったの20分で
99%勝てる株を見つけられます。

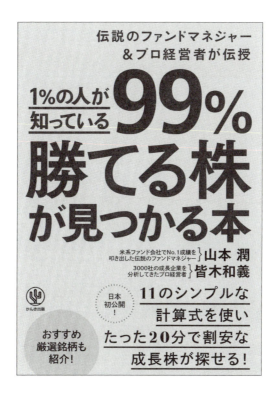

『1%の人が知っている99%勝てる株が見つかる本』

山本 潤（著）, 皆木 和義（著）
定価：本体1500円+税

本書を読まれた方にオススメ！

「好き」を「お金」に変えて副業にしよう!
夢×趣味×労働＝「天職」の見つけ方

好きなことで無理なく毎月10万円稼ぐ方法
ピンクプロジェクト（編著）、西村公児（監修）
定価：本体価格1400円＋税